नृत्य करते परमेश्वर

का

दृष्टांत

© सी.बॅक्सटर क्रुगर, पी.एच.डी. 2024

ISBN: 978-1-960761-21-7

© सी. बॅक्सटर क्रुगर 2024

प्रथम प्रकाशित 1994 पुनर्प्रकाशित 2024

पेरीकोरिसिस प्रेस द्वारा प्रकाशित
पी.ओ. बॉक्स 98157
जैक्सन, एम.एस 39298 अमेरिका

लेखक के विषय में

डॉ. बॅक्सटर क्रुगर जो एक धर्मशास्त्री और लेखक हैं, वे पेरीकोरिसेस मिनीस्ट्रीस के संचालक हैं। उन्होंने एबरडीन विश्वविद्यालय, एबरडीन स्कॉटलैंड से प्रोफेसर जेम्स बी टॉरेंस के तहत धर्मशास्त्र मे पी.एच.डी. हासिल की है। बॅक्सटर ने नौ किताबें लिखी है, जिसमें से तीन अंतरराष्ट्रीय स्तर पर प्रसिध्द है। उन्होंने कई निबंध तथा सैकडों व्याख्यान लिखे हैं। पिछले तीस वर्षों में उन्होंने दुनिया भर के कई जगहों पर व्याख्यान दिये हैं। उनकी पत्नी बेथ के साथ उनकी शादी को ३९ साल हो चुके हैं। उन्हें चार बच्चे और चार पोते-पोतियाँ हैं।

कव्हर डिज़ाइन: टॉम कैरोल, दक्षिण ऑस्ट्रेलिया
पुस्तक लेआउट : कॅरन थॉम्प्रसन, पश्चिम ऑस्ट्रेलिया
अनुवाद: आशीष शिंदे मुंबई

2

पेरीकोरिसेस शब्द पर एक विचार

भय और छिपने की हमारी मंशा को वास्तविक स्वीकृती दूर करती है, जानना तथा किसी के द्वारा गहराई से पहचाना जाना स्वतंत्रता पैदा करती है। इस स्वतंत्रता में ऐसी संगती तथा साझेदारी उत्पन्न होती है जो इतनी ईमानदार, खुली तथा वास्तविक हो, कि जो व्यक्ती इसमें शामिल हैं वे एक दूसरे में रहतें हैं। व्यक्तिगत पहचान खोये बिना यह मिलन होता है। जब एक रोता है, तब दूसरा भी दु:ख अनुभव करता है। केवल पिता, पुत्र, पवित्र आत्मा के त्रिएक रिश्ते में इस तरह का व्यक्तीगत संबंध मौजूद है। प्रारंभिक कलीसिया ने इसका वर्णन करने के लिए " पेरीकोरिसेस " शब्द का इस्तेमाल किया है। खुशखबरी यह है कि यीशु मसीह ने हमें इस रिश्ते में शामिल किया है तथा यह जीवन और इसकी परिपूर्णता हम में से प्रत्येक में और सारी सृष्टी में खेला जाना है।

"नृत्य करते परमेश्वर का दृष्टांत एक उत्तम धार्मिक आधार है जिसमें परमेश्वर पिता के हृदय में स्थान पाने का संदेश है। इस पुस्तिका में एक ऐसा संदेश है जिसकी दुनिया भर के नृत्य ना करने वाले करोडो नर्तकों को सख्त जरुरत है।"

–Tom Hallas, Field Director, YWAM, Asia-Pacific

"मैंने इसे समझने के लिए 55 साल, 11 महीने और 16 दिनों तक कोशिश की थी। मेरा मतलब है, वास्तव में बहुत कोशिश की। उस रात 11 बजे के बाद मैंने फैसला किया कि मुझे यह छोटी पुस्तिका "नृत्य करते परमेश्वर का दृष्टांत" पढ़नी है जो मेरे दामाद ने मुझे भेजी थी। जब मैं तीसरे पन्ने पर पहुँचा, तो मुझे लगा जैसे मेरे चेहरे पर लोहे की कड़ाही से प्रहार किया गया हो। मैं वापस तकिए पर लेट गया और घबरा गया, और कहा, "हे परमेश्वर, क्या मैं जीवन भर गलत सोचता रहा हूँ?" और एक सरल और स्पष्ट जवाब था, "हाँ।" जो सिर्फ एक झलक मात्र थी।

–Julian Fagan, Attorney, Amory, Mississippi

मेरे पुत्र

जेम्स एडवर्ड बॅक्सटर क्रुगर

के लिये

विषय सुचि

परिचय

क्या आप कभी किसी ऐसे व्यक्ति से मिले हैं जो ठुकराये जाने की चाहत रखता हो? शायद कहीं कोई ऐसा व्यक्ति होगा जो ऐसा चाहता भी हो, पर मुझे इस पर संदेह है। किसी के ऐसे विचार बेवकुफी ही होगी कि उसे अलग रखा जाये या उसका तिरस्कार या बहिष्कार किया जाये। हम सभी ठुकराये जाने से नफरत करते हैं। और इसलिए नफरत करते हैं क्योंकि यह चोट पहुँचाता है –जो शायद ही कोई दूसरी चीज़ ऐसी गहरी चोट पहुंचाए। एक 10 वर्ष की बच्ची के बारे में सोचें जिसने स्कुल में अपनी बाँह तुड़वा ली है, टुटा हाथ निश्चित ही दर्द देता है, पर डॉक्टर उसे एक ईंजेक्शन देगा, उसका हाथ सही जगह पर बैठायेगा, उसपर वजनदार प्लास्टर चढ़ायेगा और बस वह ठीक हो जायेगी। कुछ दिनों बाद वह बड़े ठाट से स्कुल जाने लगेगी – दूसरे सभी छात्रों को उसके प्लास्टर पर हस्ताक्षर करने की होड़ लगी रहेगी। पर इसके विपरित उसी बच्ची के बारे में कल्पना किजिये कि वह अपने करीबी सहेलियों द्वारा दूसरों के सामने उसका मजाक उड़ाने और उसपर हँसने के कारण रोती हुई बस से नीचे उतर रही है। उसकी माँ उसे सांत्वना देने की कोशिश करती है लेकिन किसी भी तरह उसकी माँ के तसल्ली देने वाले शब्द इतने मजबुत नहीं होते जितने उसकी सहेलीयों द्वारा ठुकराये जाने वाले शब्द होते हैं । इस चोट को सुन्न करने की कोई दवा नहीं है, और टुटे हृदय को जोड़ने का कोई सांचा नहीं है। जैसा की अक्सर होता है वह बच्ची पुरी दोपहर अपने कमरे में आसुंओं के साथ अकेली बितायेगी। और जब वह दोबारा स्कुल जायेगी तो एक जख्मी बच्ची की तरह जायेगी, और उस जख्म के कारण वह डरी, सहमी और हिचकिचाने लगेगी। ठुकराया जाना हमारे साथ यही करता है, हमें बदल देता है। और हमें सीमित, अस्पष्ट और शक्की बना

देता है उसके साथ साथ हमें एक प्रकार के सिमटकर रहने या अकेलेपन के सांचे में ढाल देता है।

पर ठुकराया जाना हमें इतनी गहरी चोट क्यों पहुँचाता है? यदि कहें तो मुझे लगता है कि ठुकराये जाने से होनेवाला दर्द हमारी पृष्ठभुमी से आता है। हमें अपनाये जाने के लिये बनाया गया है, हमारी रचना इसिलिये हुई है ताकि अपनाये जाने पर हम जीवन पायें। जैसे एक मछली पानी में पनपती और फलती-फूलती है, वैसे ही मनुष्य भी अपनाये जाने से पनपता और फलता-फूलता है। हमारा मूल वातावरण यही है। बिना इसके हम न ठीक रहेंगे, ना ही खुश रह पाएंगे।

जिस तरह से हम रचे गये हैं शैतान उसे भली-भांती जानता है, वह जानता है कि एक मछली को पानी से बाहर निकालने पर उसे क्या होता है, और वह जानता है कि हमें अपनाये जाने से "बाहर" निकालने पर क्या होता है। वह एक ठुकराये जाने का विशेषज्ञ है और उसकी मुख्य रणनिति यही होती है कि हमें इस बात का विश्वास दिलाये की हम अपनाये जाने के योग्य नहीं हैं। उसके पास युक्तियों से भरा एक झोला है जिसे वह हम पर इस्तेमाल करता है, कुछ प्रत्यक्ष रुप में तो कुछ अप्रत्यक्ष रुप में । पर अब तक उसकी सबसे गहरी चाल यही रही है कि वह परमेश्वर के प्रति हमारी समझ को भ्रमित करे, जो कि एक बड़ी बात है। यदि वह हमें यह विश्वास दिला सकता है कि परमेश्वर ने हमें ठुकराया है, और यहाँ तक कि, ना ही परमेश्वर हमें चाहता है और ना ही पसंद करता है, तब जीवन का खेल समाप्त हो जाता है। हम उस 10 साल की बच्ची की तरह हो जाते हैं जो आंसू बहाते कमरे में अकेली बैठी रहती है। जब हम अपने कमरे से बाहर निकलते हैं, हम जख्म खाये लोगों की तरह होते हैं, और यह जीवन और लोगों के साथ संगती में रहने का सही तरीका नहीं है। यह सब बिल्कुल सरल है। ठुकराया जाना हमारे जीने की आज़ादी को खत्म कर देता है।

बेशक, यीशु अपनाये जाने की सामर्थ के बारे में सबकुछ जानता है। वह परमेश्वर पिता की अनकही अनंत खुशी और प्रेम की स्वतंत्रता और

आनंद में रहा है । वह जानता है कि पिता रुढ़ीवादि नहीं हैं, इसलिये वह हैरान और नाराज था क्योंकि उसके दिनों में तथाकथित धर्मगुरुओं ने उसके पिता को अपने रुढ़ीवादी ढांचे में ढालना चाहा था। हम सभी उस महान प्रेम और अपनाये जाने को देख सकें, जान सकें और महसुस कर सकें, इसलिये वह परमेश्वर के प्रति उनकी और हमारी भी धारणा को बदलने निकला, ताकि हम उसकी स्वतंत्रता और प्रेम को पुर्ण रुप से जान सकें और उसमें जी सकें।

लुका 15 परमेश्वर के प्रति गलत विचारों पर यीशु का सीधा हमला है। यीशु को सुनने में सावधानी रखें। उसका पिता अच्छा है और उसका प्रेम जोशिला है। परमेश्वर के बारे में सच्चाई की एक झलक पाना आपमें एक ऐसी आजादि और आनंद पैदा कर सकती है जिसके बारे में आपने सिर्फ एक सपना ही देखा होगा ।

लुका अध्याय 15 के अनुसार सुसमाचार

अब यीशु के इर्दगिर्द कई संदिग्ध प्रतिष्ठा वाले लोग - बदनाम चुंगी लेनेवाले तथा पापी - मंडराते हुए पाए जाते थे। वे चुम्बक की तरह यीशु की ओर खीचे चले आते, और उसकी बातों में लीन हो जाते। परंतु फरीसी और धर्म के विद्वान यीशु से अत्यंत ख़फ़ा थे कि वह इन लोगों की दावतों पर अक्सर जाता। उनके लगातार कुड़कड़ाने ने इस कहानी को जन्म दिया:

“मान लो आपमें से किसी कि सौ भेड़ें हों और एक खो जाती है। तो क्या आप ९९ भेड़ों को रेगिस्तान में छोड़कर उस एक खोई हुयी भेड़ को ढूंढ़ने नहीं जाओगे जब तक की उसे वह मिल ना जाये? और जब वह मिल जाये, तो वह निश्चित ही उसे अपने कंधों पर उठाकर आनंद मनाता है। और घर लौटने पर वह अपने पड़ोसियों और दोस्तों को बुलाकर खोई और पाई गयी भेड़ के जश्न में सबको शामिल होने का निमंत्रण देता है। मैं तुमसे कहता हूँ, यह दृश्य स्वर्ग में आनंद मनाए जाने का प्रतिबिंब है जो उस खोये व्यक्ति के अपने असली पहचान के प्रति जागरूक होने पर होता है, उन ९९ से ज्यादा, जो कथित रूप से जानते हैं कि वे कौन हैं और इसलिए उन्हें मनाने की ज़रूरत नहीं हैं।”

“या कौन ऐसी स्त्री होगी, जिसके पास दस सिक्के हों और उनमें से एक खो जाये, तो वह दिया जलाकर, घर में अच्छे से झाड़ू लगाकर हर एक कोना छानेगी जब तक मिल ना जाये? और जब मिल जाता है, तो अपनी सहेलियों और पड़ोसिनियों को इकट्ठा करके पाए गए बहुमूल्य सिक्के का जश्न मनाती है! उससे कहीं अधिक एक मन फिराने वाले पापी के विषय में परमेश्वर के स्वर्गदूतों के सामने आनंद मनाया जाता है।

फिर उसने कहा, "किसी मनुष्य के दो पुत्र थे, उसमें से छोटे ने पिता से कहा, 'हे पिता, संपत्ती में से जो भाग मेरा है मुझे दे दीजिये।' "तो पिता ने दोनों में अपनी संपत्ती बांट दी। ज्यादा दिन भी नहीं बीते थे कि छोटा पुत्र सबकुछ इकट्ठा करके दूर देश को चला गया। और वहाँ कुकर्म में अपनी सारी संपत्ति उड़ा दी। जब वह सबकुछ खर्च कर चुका, तो उस देश में बड़ा अकाल पड़ा, और वह कंगाल हो गया।

इसलिये वह उस देश के निवासियों में से एक के यहाँ गया, उसने उसे अपने खेतों में सुअर चराने के लिये भेजा। वह इतना भूखा था कि सूअर जिन फल्लियों को खाकर पेट भरते, उसको खाने के लिए भी तैयार था, पर उसे कोई कुछ नहीं देता था।"

"जब वह अपने आपे में आया तब कहने लगा, 'मेरे पिता के कितने ही मज़दूरों को भोजन से अधिक रोटी मिलती है और मैं यहाँ भुखों मर रहा हूँ। मैं लौटकर अपने पिता के पास जाऊँगा। और उससे कहुँगा कि, "पिताजी, मैंने परमेश्वर के विरोध में और आपकी दृष्टी में पाप किया है, अब इस योग्य नहीं रहा कि आपका पुत्र कहलाऊँगा, मुझे अपने एक मज़दूर के समान रख ले" तब वह उठकर अपने पिता के पास गया।

"वह अभी दूर ही था, कि उसके पिता ने उसे देखकर तरस खाया। और दौड़कर उसे गले लगाया और बहुत चूमा। पुत्र ने उससे कहा, पिताजी, मैंने परमेश्वर के विरोध में और तेरी दृष्टी में पाप किया है, और अब इस योग्य नहीं रहा कि तेरा पुत्र कहलाऊँ।"

"पिता पुत्र की इन बातों को सुन भी नहीं रहा था और उसने पुत्र को अपनी रटी हुई गुहार को ख़तम करने का मौका भी नहीं दिया। पिता ने अपने दासों से कहा, जल्दी अच्छे से अच्छा वस्त्र निकालकर उसे पहनाओ और उसके हाथ में अंगूठी और पांव में जुतियाँ पहनाओ। और पला हुआ बछड़ा लाकर मारो, ताकि हम खायें और आनंद मनायें! क्योंकि मेरा यह पुत्र मर गया था फिर जी गया है! खो गया था अब मिल गया है!"

और वे आनंद मनाने लगे।

परन्तु इस सबके दौरान उसका बड़ा पुत्र खेत में था। शाम को वह जब घर के निकट पहुँचा, तब उसने गाने-बजाने और नाचने का शब्द सुना, उसने एक दास को बुलाकर पुछा, यह क्या हो रहा है। उसने उससे कहा, 'तेरा भाई आया है और तेरे पिता ने पला हुआ बछड़ा कटवाया है! इसलिये कि उसे भला चंगा पाया है।'

"यह सुनकर बड़ा भाई क्रोध से भर गया और भीतर जाना न चाहा। फिर पिता बाहर आकर उसे मनाने लगा परन्तु वह सुनना नहीं चाहता था, उसने पिता को उत्तर दिया, 'देख, मैं इतने वर्षों से तेरी सेवा कर रहा हूँ, और कभी भी तेरी आज्ञा न टाली, तो भी तूने मुझे कभी एक बकरी का बच्चा भी न दिया, कि मैं मित्रों के साथ आनंद करता?' परन्तु जब तेरा यह पुत्र जिसने तेरी संपत्ती वेश्याओं में उड़ा दी है, वापस आया तो उसके लिये तूने पला हुआ बछड़ा कटवाया!' उसके पिता ने कहा, "पुत्र, तू नहीं समझता। तू सर्वदा मेरे साथ है, और जो कुछ मेरा है वह सब तेरा ही है – परन्तु अब आनंद करना और मगन होना चाहिये। क्योंकि यह तेरा भाई मर गया था फिर ज़िंदा पाया गया है, खो गया था अब मिल गया है!"[1]

---

1 लुका १५ का यह अनुवाद 'द मिरर' बाइबिल से लिया गया है, Francois du Toit द्वारा कॉपीराइट @ २०१२ लेखक की अनुमति द्वारा उपयोग किया गया

अध्याय 1

नृत्य करते परमेश्वर का दृष्टांत

लूका 15 में यीशु का तीसरा दृष्टान्त निस्संदेह उसके सबसे प्रसिद्ध दृष्टांतों में से एक है। यह उसका सबसे प्रिय भी है। यह एक पिता और उसके दो बेटों के बारे में है। और यह तथ्य ही हमारे लिए इस दृष्टान्त को प्रिय बनाता है। इसे अक्सर "खोये हुए पुत्र का दृष्टान्त" कहा जाता है। शायद ऐसा इसलिए है क्योंकि "मनमौजी" बेटे की कहानी पहले आती है और क्योंकि यह बहुत वास्तविक और मार्मिक है। लेकिन इस दृष्टांत में बेटे की यात्रा के अलावा और भी बहुत कुछ है। इसलिए जब वह आखिरकार घर आता है तो कहानी खत्म नहीं होती है। कहानी आगे बढ़ती है और बड़ा बेटा अहम स्थान ले लेता है। यदि हमें इस बेटे और उसके जीवन पर ध्यान देना है, तो दृष्टांत का शीर्षक कुछ इस तरह होना चाहिए जैसे "अंधे पुत्र का दृष्टान्त," या "पूरी बात से ही चूक जाने का दृष्टांत।" लेकिन यह कहानी वास्तव में न तो उड़ाऊ या अंधे बेटे के बारे में है। यह पिता के बारे में है। जो दृष्टांत का केंद्रबिंदु है। और यीशु इस पिता और उसके दो पुत्रों के बीच संबंधों का इस्तेमाल हमें परमेश्वर के बारे में चौंकाने वाले सत्य को प्रकट करने के लिए कर रहा है।

यह कहानी इस बारे में है कि परमेश्वर कौन है और वास्तव में वह कैसा है। यह परमेश्वर की सोच और उसके सोचने के तरीके के बारे में है। यह इस बारे में है कि परमेश्वर हमारे प्रति किस प्रकार कार्य करता है। यह पिता के हृदय और आनंद के बारे में है। यह एक ऐसे परमेश्वर की कहानी है जिसे हम – नृत्य करते परमेश्वर के एक दृष्टांत में देख सकते हैं।

यीशु सबसे बुरे व्यक्ति को चुनता है और *पिता उसके पीछे दौड़ रहा है*। यीशु आगे बताता है, यह पुत्र (जो कहलाने के लायक नहीं है), पिता की तीव्र लालसा और जुनून और स्नेह का पात्र है। जो पिता द्वारा सबकुछ

भुलाकर, देखभाल और बिना शर्त क्षमा का पात्र बन गया।

यीशु स्वर्ग की बालकनी में खड़े परमेश्वर की एक तस्वीर चित्रित करता है, जो इंतजार कर रहा है, जो अपने बेटे की वापसी की एक झलक का संकेत पाने के लिए क्षितिज की खोज कर रहा है। और एक बार जब वह उसे देखता है, *इस* पुत्र को, यीशु ऐसे पिता को प्रस्तुत करता है जो दौडता है और उसे गले लगाता है और उसकी ओर से एक बडे जश्न की आज्ञा देता है।

क्या तस्वीर है परमेश्वर की! मैं आपको बताऊँ कि पूरे शास्त्र में परमेश्वर के बारे में वचन 20 से महान कोई बयान नहीं है:"लेकिन, जबकि वह दुर ही था, उसका पिता उसे देखता है, और उसके लिए करुणा से भर जाता था, और दौड़कर उसे गले लगाता है और चूमता और चूमता रहता है"। *उसे* देखकर *वह* बिल्कुल रोमांचित होता है।

हम सभी के लिए पहला सवाल, और शायद एक ही सवाल है: क्या हम इस पिता से मिले हैं? क्या हम इस दृष्टान्त के परमेश्वर से मिले हैं? क्या हम उसे जानते हैं? क्या आप यहाँ यीशु के हृदय को महसूस नहीं करते? क्या आप नहीं देख सकते, उसके पुरे चेहरे पर लिखा हुआ, यह वचन, "आप अभी-अभी वास्तविक परमेश्वर से मिले हो"? क्या आप महसूस नहीं कर सकते कि यीशु अपने चारों ओर परमेश्वर की प्रचलित धारणा की पूरी गलत सोच से जूझ रहा है? क्या आप उसे अपने आप से यह कहते हुए नहीं सुन रहे, "यदि वे *पिता* से मिल सकें और *उसे* जान सकें, तो यह सब कुछ बदल देगा"?

एकमेव वास्तविक परमेश्वर

यह दृष्टांत, इसके पहले बताये गये दोनों दृष्टांतो को मिलाकर, यीशु का फरीसी अगुओं की "धार्मिक" आलोचना के प्रति सीधा जवाब है। यहूदी मंदिर व्यवस्था कलीसिया के "अगुओं" को यह तथ्य पसंद नहीं आया कि यीशु मसीह ने पापियों को *स्वीकार* किया (वचन 2)। ठग और पापी,

बहिष्कृत और असफल, उसके पास आ रहे थे और वह उनके साथ पुराने दोस्तों जैसा बर्ताव कर रहा था । उन्हें देखकर वह प्रसन्न हुआ । वह उनकी मौजुदगी से, यहाँ तक कि उनके साथ भोजन करने और उनके जश्न में जाने से उत्साहित होता था। और इस तरह की अजीबोगरीब गतिविधि तुरंत ही हमेशा से मौजूद धार्मिक अगुओं की नजरों में आ गयी।

"आप किस प्रकार के पवित्र व्यक्ति हैं यीशु जो पापियों को गले लगाते हैं। क्या आपका कोई धर्म नहीं है, यीशु? आप इन लोगों के साथ कैसे रह सकते हैं? आप ऐसे अधर्मी पापियों, ईशनिंदा करने वालों को कैसे स्वीकार सकते हो?"

आप यीशु की प्रतिक्रिया को लगभग महसूस कर सकते हैं। वह निश्चित रूप से उनकी जांच और न्याय से हैरान है। उसके लिए यह सदमे से भी ज्यादा, यह अविश्वास है। "क्या तुम लोग सच में ऐसे हो? क्या तुम सच में इतने अनजान हो? क्या तुम सच में नहीं समझते कि मैं पापियों को गले लगाकर उनके साथ क्यों खाता हूँ? मैं ऐसा इसलिए करता हूँ क्योंकि परमेश्वर ऐसा ही है! क्योंकि मेरा पिता इन पापियों को गले लगाने और उनके साथ खाने के लिए दौड़ता है, वास्तव में वह उनके लिये एक भव्य और महाभोज का आयोजन करता है।"

"*आइये*," यीशु कहता है, "मैं आपको इसके बारे में बताता हूँ।"

इन दृष्टान्तों में यही चल रहा है। जिस तरह से इस्राएल की प्रमुख ज्योतियाँ (याजकगण/फरीसी) जैसा परमेश्वर के बारे में सोचते हैं और परमेश्वर के बारे में उनकी धारणाएँ, उन्हें यीशु का न्याय करने के लिए प्रेरित करती है, यीशु उसका जवाब दे रहे हैं। और वह उन्हें एक झटका देता है। कि वे सब गलत है और वह उनकी सोच पर हमला करता है।

यीशु के ये दृष्टान्त परमेश्वर के बारे में सोच और उसके कार्य करने के तरीकों को लेकर फरीसियों के विकृत विचारों पर एक सीधा और एक चौतरफा हमला है। उन्हें लगता है कि परमेश्वर एक मुनीम है। उन्हें लगता है कि परमेश्वर नजर रखता है। उन्हें लगता है कि वह एक सूची रखता है

और यह पता लगाने के लिए दो बार जाँचता है कि कौन शरारती और कौन अच्छा है।

और उन्हें लगता है कि इन पापियों के पास कोई दूसरा मौका नहीं है, क्योंकि वे अभागे, असफल व्यक्ति हैं। ये लोग परमेश्वर की दिव्य कृपा के *योग्य* नहीं हैं। उन्होंने परमेश्वर के लिए कुछ नहीं किया है। वास्तव में, उन्होंने हर वो संभव काम किये हैं जिसके कारण, वे खुद *अयोग्य* ठहरे हैं - हर दिव्य बात से - पर निश्चित और निसंदेह योग्य है न्याय के लिए।

लेकिन यीशु के पास वह परमेश्वर है जो इन हारे हुओं को गले लगाता है। यीशु, पिता का सच्चा पुत्र, जो पिता की गोद में रहता है (यूहन्ना 1:18) और जो पिता को भीतर और बाहर से जानता है (मत्ती 11:27), उनकी तरफ एक धार्मिक सवाल फेंकता है जो उनके दिमाग को पूरी तरह से झिंझोड़ देता है। वह उनके धर्मशास्त्र को मोड़ देता है। एक मुनीम, सूची-जांचने वाला, दैवीय व्यवस्था पालन करनेवाले ईश्वर के बजाय, यीशु उनका सामना पिता की एक ऐसी तस्वीर के साथ कराता है जो घर लौटने वाले एक पापी / असफल मनुष्य को देखकर खुशी से नाचता है।

वह उनका सामना एक ऐसे परमेश्वर से कराता है जो एक दिव्य धावक बन जाता है, जो पापियों के पीछे दौड़ता है, उन लोगों के लिए जश्न का आयोजन करता है जो किसी भी तरह से उसकी कृपा के योग्य नहीं हैं या नहीं हो पाते हैं।

न्याय करनेवाले परमेश्वर के बजाय – एक *फांसी देने वाला न्यायाधीश*, जिसका एक हाथ फांसी की रस्सी से बंधा है और उसे झटका देने का बहाना खोजता है – यीशु का 'परमेश्वर संस्करण' एक अद्भुत पिता का है जो दृढ़, जिद्दि और अटल रूप से हमेशा एक जैसा ही रहता है, एक पिता, विशेष रूप से तब जब उसके पुत्र विद्रोही, विकृत और पथभ्रष्ट हो जाते हैं।

इस पिता के हृदय में कोई बहीखाता नहीं है। क्षमा के लिये कोई फरिसी-धार्मिक नियम नहीं हैं। यहाँ क्षमा से संबंधित ऐसा कोई उल्लेख नहीं है, विशेष रुप से किसी भी तरह से उसे हासिल करने का। क्योंकि

क्षमा पहले ही हो चुकी है। यह यीशु के इस वचन में है, "पुरा हुआ"

यह एक पुत्र के बारे में है, जो एक पुत्र है और पुत्र ही रहता है क्योंकि उसके पास एक पिता है जो एक पिता है और पिता ही रहता है। यह एक पापी के अपने होश में आने और वह कौन है इस सच्चाई का सामना करने के बारे में है। यह एक पुत्र के बारे में है जो इस सच्चाई का सामना कर रहा है कि *उसका* एक घर है, कि *उसका* एक पिता है, कि *उसकी* एक विरासत है जिसे वह गंवा नहीं सकता। यह परमेश्वर को जानने, पिता परमेश्वर के अपरिवर्तनीय हृदय के सुसमाचार को जानने और विश्वास करने के बारे में है।

बेटा दूर देश में आंसुओं में खो गया है। वह दुखी है, क्योंकि वह अपनी आत्मा की जड़ तक जानता है कि वह असफल हो चुका है। वह अपनी शर्म की कड़वाहट को चखने से नहीं बच सकता। उसकी आत्मा शर्मिंदगी और लाचारी से त्रस्त है। वह अपनी गलती का सुधार नहीं कर सकता। वह केवल इतना कह सकता है, "ओह, मेरे पिता, मैंने स्वर्ग और तेरी नजर और हृदय के खिलाफ पाप किया है। मैं अब तुम्हारा पुत्र कहलाने के योग्य बिल्कुल भी नहीं हूँ। मुझे अपने किसी मज़दूर के रूप में रख ले।"

वह गहरा व्यक्तिगत अपमान और निंदा महसूस करता है। और फिर भी, ठीक इसी के बीच में, यीशु पुत्र के ही मुंह से सुसमाचार निकलवा रहा है। अपने दुख की गहराई में वह खुद को सुसमाचार बताता है, लेकिन वह इसे नहीं सुनता है। यह सिर्फ बयानबाजी है। क्या आपने गौर किया कि इस पुत्र ने क्या कहा? उसने कहा, "मैं *अपने पिता* के पास वापस जा रहा हूँ" (वचन 18, मत्ती टी.एम्.[2])। उसके अपने मुँह से वह सत्य निकलता है जिसे वह देख नहीं पा रहा था, विश्वास करने की हिम्मत तो बिलकुल दूर की बात है।

उसने जो कुछ भी किया है, उसके बावजूद एक स्थायी, अपरिवर्तनीय,

---

2 लुका 15 का यह अनुवाद यूजीन एच. पीटरसन (कोलोराडो स्प्रिंग्स: नेवप्रेस, 1993) द्वारा द मेसेज से लिया गया है। संदेश के आगे के सभी उद्धरण TM. द्वारा नोट किए जाएंगे।

चट्टान जैसा तथ्य बना हुआ है। एक विरासत बनी हुई है जिसे वह गंवा नहीं सकता। यीशु का पिता उसका *पिता* है।

जब वह दूर होता है, तब वह अपने "शायद मैं अपने पश्चाताप से दिल में जगह बना पाऊ " संभाषण का अभ्यास कर रहा होता है, तो सच्चाई उस पर सबसे शक्तिशाली गड़गड़ाहट की तरह आ गिरती है। यीशु का पिता उसका *पिता* है।

इस पुत्र की आंखों में यह तथ्य प्रहार करता है कि वह अपने पिता का हृदय नहीं बदल सकता। उसका पिता उसके कर्मों के कारण उससे प्यार नहीं करता । उसके पिता ने उसके विद्रोह और बुरी तरह विफल रहने के कारण उससे प्रेम करना बंद नहीं किया। उसका पिता उसका पिता हैं - चाहे कुछ भी हो। *वह प्रिय पुत्र है और सदा रहेगा क्योंकि उसका पिता उसका पिता है और सदा रहेगा।*

यह बेचारा लड़का सोचता है, जैसा कि हम सब सोचते हैं, धार्मिक दृष्टि से। वह सोचता है कि वह कुछ कर सकता है और उसे कुछ करना चाहिए। वह जानता है कि उसने सबकुछ बरबाद कर दिया है, लेकिन वह सोचता है कि शायद उसका दुःख और पश्चाताप उसके पिता के हृदय में एक स्थान पा लेगा। वह सोचता है कि, जबकि उसने विद्रोही होकर सब कुछ खो दिया है, शायद उसका शोक, शायद उसकी गहरी कराह और तड़प, शायद उसकी विनम्रता और धर्म, उसे कम से कम एक नौकरी और कुछ भोजन तो दिला देगा।

वह यही सोच रहा है। वह धर्म का वस्त्र पहनता है क्योंकि उसे लगता है कि इससे वह अपने पिता की करुणा के तार खींच सकता है। लेकिन यह कितना आश्चर्यजनक और गौरवशाली और अद्भुत है कि उसे मुंह खोलने का भी मौका नहीं दिया जाता है। वह नजर उठाकर देखता है और अपने पिता को दौड़ता हुआ पाता है। उसके पैर जम जाते है और अगले ही पल वह देखता है कि वह पूरी तरह से अपने पिता की छाया में है। कुल मिलाकर वह अपने पिता द्वारा गले लगाने और चुमने को महसुस करता

है। वह देखता है कि उसका पिता उसके कारण खुशी से नाच रहा है। यीशु कहता है, कि "परमेश्वर *ऐसा* है और वह ऐसे सोचता और कार्य करता है।"

लेकिन लड़के को अभी भी बात समझ में नहीं आई। वह अभी भी सोचता है कि यह उसके *कर्मों के बारे में* है और अभी तक यह नहीं देख पा रहा कि यह परमेश्वर के बारे में है। इसका उससे कोई लेना-देना नहीं है और हर चीज का परमेश्वर से लेना-देना है। उसने अपनी पंक्तियों को याद किया है और इन्हें उगलने का दृढ़ निश्चय किया है। और उसे उगलते हुये वह कहता है: "हे पिता, मैं ने स्वर्ग के विरुद्ध और तेरी दृष्टी में और हृदय के विरुद्ध पाप किया है; अब *मैं तेरा पुत्र कहलाने के योग्य नहीं हूँ*।" लेकिन ध्यान दें कि वचन आगे क्या कहता है। यूजीन पीटरसन ने इसे सबसे बेहतर तरीके से समझा: "लेकिन पिता *नहीं सुन रहा था*" (टीएम)।

यहाँ यह महान भाषण है, यह स्वीकारोक्ति है, लेकिन पिता को कोई दिलचस्पी नहीं है। उसे थोड़ी भी दिलचस्पी नहीं है। कुलमिलाकर लड़का यही देखता है कि उसका पिता खुशी से नाच रहा है। जवाब के रूप में वह केवल अपने पिता के पुकार की आवाज सुनता है: "सबसे अच्छा वस्त्र लाओ और उसे पहनाओ, जूते लाकर उसे पहनाओ, परिवार की अंगूठी लाकर उसकी उंगली में पहनाओ, और तंदूर की आग जलाओ! हम एक जश्न मनाने जा रहे हैं! मेरा बेटा मर गया था, लेकिन अब जिंदा है। मैंने उसे खो दिया था, लेकिन वह घर वापस आ गया है।"

अनुग्रह का गौरवशाली सुसमाचार पिता के व्यक्तित्व और उसके कार्य से उभर रहा है। सुसमाचार ने इस लड़के के चारों ओर खुद को लपेट लिया है और उसका सबसे उत्तम याद किया हुआ भाषण डूब गया हैं। इस एक चित्र में ही कई बातें घोषित की गई हैं।

'मेरे बेटे, तुम अपने बारे में क्या राय रखते हो', यह इस बारे में नहीं। बात तुम्हारी योग्यता की नहीं है। ना ही मुझे प्रभावित करने की बात है। ना ही इस बारे में है कि तुमने क्या किया या करने में असफल रहे हो। यह इस तथ्य के बारे में है कि मैं तुम्हारा पिता हूँ और इसलिए तुम मेरे

पुत्र हो। यह तुम्हें यह जानने के बारे में है कि वास्तव में मैं कौन हूँ और इसलिए तुम कौन हो – और तुम मेरे हो। जैसे मैं तुम्हे देखता हूँ, वैसे तुम खुदको पहचान पाओ । यह इस बारे में है कि तुम मुझ में अपनी विरासत के वास्तविक धन को देख रहे हो और एक महान *हल्लेलुयाह* से भर रहे हो! यह तुम्हारा मेरे साथ तुम्हारे रिश्ते में आनंद लेने के बारे में है।"

स्वर्ग और कलीसिया पर एक टिप्पणी

यह कहा गया है कि जबकि बाइबिल अक्सर स्वर्ग के बारे में बात करती है, यह वास्तव में हमें इस बारे में ज्यादा नहीं बताती है कि स्वर्ग कैसा होगा। खैर, यदि आप जानना चाहते हैं कि स्वर्ग कैसा है, तो वह ऐसा है। यह एक जश्न है। यह एक दावत है। यह परमेश्वर पिता द्वारा आयोजित उत्सव है और वह प्रमुख नर्तक है। यह स्वर्ग पिता के जश्न में शामिल होना और सम्मानित अतिथि होने के बारे में है, आपको अयोग्य ठहरानेवाले विफलता के बावजूद।

इन तीन दृष्टान्तों में से पहला कहता है कि एक पापी के बचाए जाने पर “स्वर्ग में आनंद” (वचन 7,NASB) होता है। दूसरे दृष्टान्त में परमेश्वर के स्वर्गदूत एक जश्न मनाते हैं जब एक पापी को बात समझ में आ जाती है और वह अपनी शून्यता से पिता की ओर मुड़ जाता है। तीसरे दृष्टान्त में स्वर्ग में आनंद का उल्लेख नहीं है, स्वर्गदूतों के जश्न मनाने का कोई उल्लेख नहीं है, केवल नृत्य करने वाले परमेश्वर की केवल यही एक अद्भुत तस्वीर है। यहाँ सिर्फ एक *ऐसे पिता* की स्पष्ट छवि है जो दौड़ रहा है, गले लगा रहा है, और पाप में गिरे बेटे को चूम रहा है और एक महान उत्सव आयोजित करने का आदेश दे रहा है।

यही स्वर्ग है। यह परमेश्वर का उत्साह है; यह पिता ख़ुशी से झूमता है, जो इतिहास के सबसे बडी पार्टी या उत्सव के जल्लोष को व्यक्त करता है। क्या यह इस बात का अद्भुत चित्र नहीं है कि धरती की वर्तमान कलीसिया कैसी होनी चाहिए--परमेश्वर का आनंद हमारे हृदयों में विकसित होकर

उत्सव को निर्माण करती है? आज जब हम कलीसिया के बारे में बात करते हैं तो हम अच्छे नमूने के विषय विचार करते हैं। खैर, यहाँ एक महान नमूना है: उत्सव मनाने वाली कलीसिया।

क्या यह सुसमाचार प्रचार का मूल नहीं है? क्या ऐसा नहीं होना चाहिए कि जब बड़े भाई (वचन 25) की तरह लोग काम से आते हैं, तो वे कलीसिया में संगीत और नृत्य सुनते हैं, और जानना चाहते हैं कि यह सब क्या है?

क्या यह हमारे मिशन का मूल हृदय नहीं है? क्या हमें एक उत्सव मनाने वाले लोग नहीं बुलाया गया जो इतने उत्साहित और हमारे पिता की कृपा और खुशी से इतने भरे हुए हैं कि यह उत्सव दुनिया का ध्यान अपनी ओर खींचता है?

धर्म

यीशु ने इस दृष्टान्त को उसके दिनों में संस्थागत धर्म के माध्यम से फैलाए जा रहे परमेश्वर की गलत समझ का सामना करने और उस पर हमला करने के लिए कहा था। उसने इसे एक सुधार, एक क्रांति लाने के लिए कहा। उसने इसे उन गरीब लोगों को मुक्त करने के लिए कहा जो जीवित थे, या एक नियम-बद्ध धर्मशास्त्र के बंधन के तहत जीवित थे या जीने की कोशिश कर रहे थे। और उसने इसे पश्चाताप के लिए एक गंभीर बुलावे के रूप में बताया। और मुझे विश्वास है कि उसने इसे आंसुओं के साथ बताया। क्योंकि उसने देखा कि उसके समय के धार्मिक लोग परमेश्वर के उत्सव में नहीं जा रहे थे। वे अप्रसन्न थे। इस दृष्टांत में यीशु की सबसे गहरी चिंता इस दुनिया के बड़े भाइयों के लिए है और इस तथ्य से है कि वे मौजूद नहीं थे।

बाइबिल में कुछ वचन ही वचन 28 से अधिक दयनीय हैं: "बड़ा भाई उदासी और क्रोध से भर गया और इसमें शामिल होने से इनकार कर दिया" (टीएम)। वह कड़वाहट से भर गया और उत्सव में नहीं गया। यीशु

हमें बताता है कि बड़ा भाई कड़वाहट से क्यों भर गया। इसका कारण उसका धर्मशास्त्र था। ऐसा इसलिए था क्योंकि वह अपने पूरे जीवन में पिता को एक बहीखाता पद्धति, सूची-जांचने वाले के रूप में देखता और समझता था। और उसने अपना रिकॉर्ड भी रखा था। और, अपने स्वयं के रिकॉर्ड के अनुसार, वह एक बार भी असफल नहीं हुआ था: "देखिये! मैं कितने वर्ष से तेरी सेवा करता आया हूँ, और मैं ने तेरी आज्ञा को कभी टाला नहीं; और तूने कभी एक बकरी का बच्चा तक मुझे नहीं दिया, कि मैं अपने मित्रों के साथ आनन्द मनाऊं" (वचन 29, NASB)।

देखिए यहाँ क्या हो रहा है। इस भाई ने यह सब सही किया था। वह आज्ञाकारी था, बिल्कुल सिद्ध था। उसने नियमों का पालन किया था। "और तुमने मुझे कभी पुरस्कार भी नहीं दिया। और इसके विपरित, जब तुम्हारा यह व्यभिचारी पुत्र दूर देश से लड़खड़ाता हुआ आता है, तो तुम निडर होकर उत्सव मनाते हो, और उसपर लार टपकाते हुए, अपने आप को सेवकों के सामने मूर्ख ठहराते हो। शर्म आनी चाहिए पापा! यह न्याय नहीं है! यह निंदनीय है! यह घोर है!"

क्या आप कल्पना कर सकते हैं कि पिता के चेहरे पर क्या नज़र आया जब उसने महसूस किया उसे अहसास हुआ कि उसका बेटा उन सारे वर्षों से उसके साथ (चर्च में?) था और वह उसके हृदय को बिल्कुल भी नहीं समझा था? वह चकित, शोकित और हृदय में टूटा हुआ महसूस कर रहा होगा।

"बेटा, तुम क्या बात कर रहे हो? तुम मुद्दे से पूरी तरह चूक गए हो। तुम मुझसे पूछते हो कि मैंने तुम्हें अपने दोस्तों के साथ जश्न मनाने के लिए कभी बछड़े का टुकड़ा क्यों नहीं दिया? बेटा, *यह सब तुम्हारा है* और हमेशा से तुम्हारा ही है - क्या तुम यह नहीं *जानते*?"

वचन 11-12 पर एक नज़र डालें: "एक मनुष्य के दो पुत्र थे। और उन में से छोटे ने अपने पिता से कहा, हे पिता, जो जायदाद में जो मेरा हिस्सा है वह मुझे दे दे। और उस ने उनमें बांट दिया" (NASB)। क्या

आपको समझ आया? उसने जायदाद उनमें बांट दिया था।

पिता के पास जो कुछ था वह सब पहले ही बड़े भाई को दे दिया गया था। जो पहले से ही उसका था। उपहार उसे पहले ही दिया जा चुका था। और फिर भी बड़े भाई ने उन सभी वर्षों को इसे हासिल करने की कोशिश में बिताये, *जो पहले से ही उसका था* उसे हासिल करने की कोशिश कर रहा था। और उसने कभी इसका आनंद नहीं लिया। उसने कभी अपने पिता और न ही उसकी कृपा को समझा। और उसने कभी अपने पिता का आनंद नहीं लिया और न ही उसके बहुतायत का, भव्य पुरस्कार का आनंद लिया।

वह पूरे समय जश्न मना सकता था। लेकिन वह इसे उस परिभाषा में स्वीकार नहीं कर सका। उसे अपनी परिभाषा (नियम) का आविष्कार करना पड़ा। उसने इसे धर्म में बदल दिया। उसने अपना समय वह हासिल करने की कोशिश में बिताया जो पहले से उसका था और यह सुनिश्चित करने के लिए सख्त नजर रखी कि वह ऐसा कर पाये ।

अपने पिता और अपने खोए हुए भाई के लिए दी जाने वाली महान दावत के प्रति उसका क्रोध और कड़वापन कोई अभी-अभी भड़की नाराज़गी नहीं थी। यह उसके जीवन जीने के तरीके से पैदा हुआ क्रोध था। यह उसके विकृत धर्मशास्त्र और झूठे आश्वासन की अभिव्यक्ति थी।

वह अनुग्रह को कभी समझ नहीं पाया था। उसने कभी अनुग्रह उत्सव नहीं मनाया था। उसने कभी असल में अपने दयालु पिता का *आनंद* नहीं लिया था। उसने कभी अपने पिता को नहीं जाना था और न ही अपने घर में उस जीवन जीने के ढंग को। उसे अपने पिता के बारे में पूरी तरह से गलत समझ थी कि उसका पिता कौन था और कौन सी बात उसे प्रेरित करती है। उसे इसका अंदाजा नहीं था। वह केवल यही सोच सकता था कि पिता का व्यवहार पूरी तरह से अनुचित था। और उसने जश्न में जाने से मना कर दिया।

हर पीढ़ी के धार्मिक लोग इसी में फँसते हैं। वे अपने नियम बनाते हैं।

अपनी स्वयं की विफलता और शून्यता को पहचानने के बजाय, और फिर पिता के अनुग्रह का लाभ उठाकर और उसके भव्य आलिंगन में मज़ा लेने बजाय, वे एक धर्म का निर्माण करते हैं। वे काल्पनिक परिभाषाएँ बनाते हैं, ताकि वे खुद को समझा सकें कि वे अच्छे, धर्मी और प्रेम करने वाले साबित कर सके। और चीजें इतनी विपरित और गलत हो जाती हैं, कि वे समझ ही नहीं पाते कि वह एक दयालु पिता है, जो गिरे हुए लोगों को गले लगाता और स्वीकार करता है, न ही उस यीशु को जो उन्हें स्वतंत्र रूप से स्वीकारता और उनके साथ पुराने दोस्तों जैसा व्यवहार करता है।

वे वास्तविक परमेश्वर और उसके आनंद में जीवन को कभी नहीं जान पाते। उनकी अपनी-धार्मिकता उन्हें उसके अनुग्रह को देखने और अनुभव करने से रोकती है। वे कभी भी दैवीय उत्सव में शामिल नहीं होते हैं। वे ऐसा कैसे कर सकते थे? वे खुद को हताश विफलताओं के रूप में नहीं देखते जो परिवर्तन के लिए असहाय और शक्तिहीन हैं - वे बस धर्म पालन कर रहे हैं।

जब वे पिता के आलिंगन की स्वतंत्रता और उसकी भव्य दावत को देखते हैं, तो अनिवार्य रूप से उनके हृदय में कड़वाहट भर जाती है। और उनकी धार्मिक उपस्थिति पापियों के अचम्भे को दबा देती है और उत्सव को परमेश्वर की "धार्मिक सेवा" के एक मरे हुये और उबाऊ कार्य में बदल देती है, जो बेजान और महिमा से रहित है।

वचन कहता है कि पिता बाहर आया और बड़े भाई से बिनती करने लगा (वचन 28): "मान भी जाओ, बेटा, यह तुम्हारा भी जश्न है। यह हमारा उत्सव है। यह मेरे घर की संस्कृति है। हमारे साथ आओ, तुम इसके भाग हो।" यहाँ "बिनती" के लिए जो शब्द इस्तेमाल किया गया वह है पैराकालिओ (parakaleo) है।

यह एक ऐसा शब्द है जो नए नियम में आत्मा की सामर्थ में उपदेश देने के लिए प्रयोग किया जाता है। इसका इस्तेमाल, उदाहरण के लिए, 2 कुरन्थियों 5:20 में किया गया है: "इसलिये हम मसीह के राजदूत हैं, मानो

परमेश्वर हमारे द्वारा तुम से *बिनती* करता है; हम मसीह की ओर से तुमसे विनती करते हैं, जश्न में आओ।"

पिता ने अपने बड़े बेटे से, आत्मा की सामर्थ में, उत्सव का हिस्सा बनने के लिए बिनती की, निवेदन किया। लेकिन बेटा नहीं माना। वह इसे स्वीकार नहीं कर सका। वह इसका कोई मतलब निकाल नहीं पा रहा था। उसके धर्म और झूठे आश्वासन ने उसे समझने से रोका। और उसने आत्मा का विरोध किया और जश्न में जाने से इनकार कर दिया।

कुछ ईमानदार प्रश्न

आइए अब एक कदम पीछे लेकर इस सब के बारे में सोचें। हम इस बारे में क्या समझते हैं?

यीशु हमारा सामना एक ऐसे परमेश्वर से करता है जो हमारी अपेक्षा के अनुरूप नहीं है। यह परमेश्वर चौंकाने वाला है। यीशु सब कुछ बदल देता है। धार्मिक लोग, जिनके बारे में हम स्वाभाविक रूप से सोचते हैं, कि यह परमेश्वर की चीजों से भरे हुये हैं, अंत में असलियत से चूक जाते हैं। और वे हठीले नाकामयाब लोग अपने आप को पिता पर और उस जश्न के बीच में चकित पाते हैं जिसे वह उनके कारण अपना आनंद मनाने के लिये आयोजित करता है।

हम इस तस्वीर में कहाँ फिट होते हैं? एक ईमानदार उत्तर खोजने का एक त्वरित तरीका यह है कि हम अपने आप से एक प्रश्न पूछें कि हमने इस दृष्टांत को कैसे सुना। जैसा कि हमने इसे दोबारा सुना, हमने किसी का पक्ष लिया। हमने किसी एक पात्र के नजरिये से सुना। यह छोटा बेटा हो सकता है, या बड़ा हो सकता है। इस कहानी का कथाकार पिता या शायद यीशु हो सकता है। लेकिन हम सभी ने निश्चित रूप से इन पात्रों में से किसी एक को चुना और उसके नजरिये से चीजों को देखा है।

पहचान के इस प्रश्न पर विचार करना महत्वपूर्ण है। यह हमें खोजने और हमारी वास्तविक सोच को प्रकट करने का एक तरीका है - वह सोच

जो छिपी हो सकती है, लेकिन फिर भी हमें और हमारे जीने के तरीके को, गहराई से प्रभावित करती है। यह प्रश्न उस बात को सतह पर लाता है जिसे हम अपना "कार्यशील धर्मविज्ञान" कह सकते हैं। यह उस धर्मविज्ञान से भिन्न है जिसकी चर्चा हम कलीसिया या बाइबिल अध्ययनों में करते हैं। कार्यशील धर्मविज्ञान परमेश्वर के बारे में हमारा विचार है जो वास्तव में हम पर और हमारे भीतर कार्य कर रहा है। यह आत्मा की सोच है। ईमानदारी से पूछना कि हमने कहानी को कैसे सुना, यह हमें यह देखने में मदद करता है कि हम वास्तव में अपनी गहराई में क्या सोचते हैं।

आओ पहले छोटे बेटे को लेते हैं। यदि आप खुद को उससे जोड़ते हैं, तो रुकिए और अपने जीवन को ईमानदारी से देखिए।

अपने झूठ, असफलताओ, गर्व, गलतियों और चेहरे पर बर्बादी को घूरिये। अपने आप से यह प्रश्न पूछें: क्या यह संभव है कि दृष्टान्त में यह पिता *परमेश्वर* है और मेरे बारे में सोचता है जैसे वह इस पुत्र के बारे में सोचता है? क्या यह हो सकता है कि जो कुछ मैंने किया है और नहीं किया है, फिर भी वह परमेश्वर है और मेरा पिता है और मेरे लिए करुणा से प्रेरित है और खुशी से भरा *मुझे* गले लगाने के लिए दौड़ रहा है?

क्या यह संभव है कि वह इसी वक्त आ रहा है, कल नहीं, या जब मैं मर जाऊं, या जब मैं अंत में अपना कार्य ठीक कर लूंगा तब, लेकिन इस वक्त - और पूरी जानकारी के साथ कि मैं जो भी हूँ और मैंने जो भी किया है - और वह अपने सेवकों को जोरों से कहता है कि उसके लिये सबसे अच्छा वस्त्र, जूते और परिवार की प्रिय अंगूठी लाकर मेरी उंगली में पहनायें?

क्या आप विश्वास कर सकते हैं कि परमेश्वर ऐसा है? क्या आप विश्वास कर सकते हैं कि पिता परमेश्वर *आपके* बारे में उत्साहित हैं? क्या आप विश्वास कर सकते हैं कि वह आपके लिये किसी जश्न का आदेश दे रहा है? क्या आप अभी इसी वक्त परमेश्वर के बारे में विश्वास कर सकते हैं? यदि नहीं, तो भाईयो या बहनों मैं तुमसे कहता हूँ, पश्चाताप करो! यही

सही है, पश्चाताप करो! अपनी सोच और विश्वास को पूरी तरह से बदलो । हमारे पिता के बारे में इस तरह के अजीबोगरीब झूठ पर विश्वास करना बंद करें। वचन 20 पर एक गहरी नज़र डालें: “लेकिन, जबकि वह अभी भी काफी दूर था, उसका पिता उसे देखता है, और उसके लिए दया से भरकर, उसकी ओर दौड़ता है और उसे गले से लगाकर, उसे चूमता है” (NASB)। इसे याद करें। आप जो परमेश्वर यहाँ देखते हैं, उस पर विश्वास करें। सच पर पोषण करो। इसे पी लो। इसका आनंद उठायें। इसमें बैठ जायें और हमारे परमेश्वर और पिता पर आश्चर्य करें।

अब, आओ बड़े भाई के बारे में सोचते हैं। यदि आप खुद को उससे जोड़ते हैं, तो आपके सामने एक प्रश्न है जिसे हम “धर्मनिष्ठा” कह सकते हैं।

अपने आप से ईमानदारी से यह प्रश्न पूछें: क्या मैं अपने हृदय में यह आशा रखता हूँ कि मेरा धर्म मुझे परमेश्वर के पास एक दर्जा दिलाएगा? क्या मुझे लगता है कि मेरी भलाई और मेरी आज्ञाकारिता मुझे पिता के स्वीकृति के योग्य बनाएगी? क्या मुझे लगता है कि कलीसिया के प्रति मेरी वचनबद्धता और मेरी नम्रता और अंगीकार करना परमेश्वर के हृदय को प्रभावित करेंगे? क्या मुझे लगता है कि किसी तरह मेरे प्रति उसका रिश्ता मेरे धार्मिक प्रदर्शन पर निर्भर है? यदि हाँ, तो मैं आपसे कहता हूँ भाईयो या बहनों, पश्चाताप करें! यही सही है, पश्चाताप करें! हमारे पिता परमेश्वर के बारे में इस तरह के अजीबोगरीब झूठ पर विश्वास करने से मुड़ें । वचन 31 पर एक गहरी दृष्टी डालें: “मेरे बेटे, तुम हमेशा मेरे साथ रहे हो, और जो कुछ मेरा है वह तुम्हारा है” (NASB)। इसे याद करें।

यहाँ आपका सामना एक ऐसे परमेश्वर से होता है जिसने आपको पहले ही यीशु में स्वीकार कर लिया है और आपको उसमें सब कुछ दे दिया है। जो पहले से आपका है उसे आप कैसे कमा सकते हैं? अपने आप को इतना सस्ता मत बनाओ। बही-खाता नीचे रख दो और उसे जान लो। उत्सव में शामिल हों। नृत्य करते परमेश्वर द्वारा आयोजित अनुग्रह के जश्न में आओ। यह जश्न आपका भी है।

अब एक पल के लिए पिता को देखें। यदि आप इस कहानी में खुद को पिता के साथ जोड़ते हैं, तो मैं कहता हूँ कि इस दुनिया के घमंडी बड़े भाइयों को जश्न को धर्म में बदलने न दें, जो कलीसिया को अंतिम संस्कार में बदल देता है। उस स्वधर्मी अभिमान से सावधान रहें जो हमारी नम्रता और सेवा के पीछे छिपा है। नम्र वे हैं जो अपनी असफलता को जानते हैं और पूरी तरह से चकित हैं कि परमेश्वर ने मसीह में उनका लगातार पीछा किया है, उन्हें गले लगाया है, और जैसे हैं वैसे उन्हें स्वीकार किया है।

नम्रता अनुग्रह की स्वीकृति का चिन्ह है। यह यीशु में पिता के चौंकाने वाले और खुद के बलबूते पर न कमाए हुए आलिंगन की स्वीकृति है। उन लोगों से सावधान रहें जो परमेश्वर के लिए किए गए कार्यों पर गर्व करते हैं, बजाय इसके कि परमेश्वर ने उनके लिए क्या किया है। लेकिन उन्हें जश्न में आने के लिए मनाना बंद न करें। हार ना मानें। उन्हें यह बताना बंद न करें कि यह उनका भी जश्न है। और क्षितिज पर पूरी नजर रखें।

यदि आप खुद को कहानी के कथाकार यीशु के साथ जोड़ते हैं, तो मैं आपसे कहता हूँ, उनके लिए शोक करना जारी रखो जो अभी तक नहीं देखते हैं, और उनके लिए जो विश्वास करने से इनकार करते हैं। लेकिन कहानी बताना कभी बंद न करें। जब तक कलीसिया को दोबारा संदेश न मिल जाए, तब तक इसे बताते रहें और लगातार बताते रहें। इसे तब तक बताते रहें जब तक कि अगली शताब्दी की कलीसिया एक अद्भुत कलीसिया नहीं बन जाती, एक ऐसी कलीसिया जो वास्तविक परमेश्वर से मंत्रमुग्ध हो जाती है, और इस प्रकार एक ऐसी जश्न मनाने वाली कलीसिया, जो पिता के आनंद से इतनी भर जाती है कि दुनिया जश्न को सुनती है और जानना चाहती है कि क्या हो रहा है। पिता का हृदय हम पर इतना हावी हो जाए।

प्रार्थना और चिंतन के लिए प्रश्न

पिता, मेरे लिए आपके जोशिले प्रेम का धन्यवाद। आपके प्रेम को सृष्टी की चीजों जितना ही विश्वास करने में मेरी मदद करें। मुझे बतायें कि मैं कहाँ, कब और कैसे तुम्हें मुझसे प्रेम करने की इजाज़त नहीं दे रहा हूँ। मेरी घायल आत्मा को अपने स्नेह के आनंद से स्नान करा, कि मैं आपको यीशु के साथ आपकी आत्मा की स्वतंत्रता में जान सकूं। आमीन।

1) आपके अनुसार यीशु ने इस पिता और उसके दो पुत्रों की कहानी क्यों सुनायी?

2) क्या आपको लगता है कि परमेश्वर आपको उसकी सृष्टी में पाकर आनंदित होता है?

3) खुद को छोटे बेटे के स्थान पर रखकर देखें जब उसने रास्ते पर अपने पिता को उसकी ओर आते देखा। जैसे कि पिता आपकी ओर देखता है, आप पिता के चेहरे पर क्या हावभाव देखते हो? और क्यों?

4) आपके लिये यीशु के पिता में विश्वास करना इतना मुश्किल क्यों है?

5) आपके माता-पिता के साथ आपके रिश्ते ने कैसे आकार दिया जिस तरह आप परमेश्वर को देखते हैं? आपके माता-पिता किस तरह से यीशु ने चित्रण किये गए पिता के समान या विपरीत हैं?

6) क्या आप यीशु को पिता परमेश्वर से अधिक अपनाने वाला और दयालु, अधिक कोमल और सुलभ मानते हैं? यदि हाँ, तो परमेश्वर के विषय में आपके समझ का आधार क्या है?

7) क्या आप इस कथन से सहमत या असहमत हैं: "पिता की क्षमा आपके विश्वास और पश्चाताप से पहले है?" और क्यों?

अध्याय 2
दृष्टांत पर दोबारा गौर करना

हमने इस महान दृष्टान्त पर दोबारा गौर किया, क्योंकि अध्याय के आरंभिक बयान के बारे में ज्यादा कहा जाना चाहिए: "इस समय तक बहुत से मलिन प्रतिष्ठा के पुरुष और महिलाएं यीशु के आस-पास मंडरा रहे थे, ध्यान से सुन रहे थे" (टीएम)। और फरीसियों और धर्म के विद्वानों के इस आरोप के बारे में और ज्यादा कहा जाना चाहिये कि: "यह आदमी पापियों को स्वीकार करता है" (वचन 2)

एक दृष्टि से यह आरोप हम सब के लिए आशा से भरा है क्योंकि यह हमारे सामने एक ऐसा प्रभु खड़ा करता है जो पापियों को उत्सुकता और खुशी से ग्रहण करता है। यह आदमी बिना किसी दिखावे के, जैसा मैं हूँ, वैसे ही मुझे स्वीकार करता है। यह आरोप, पहले बयान के साथ मिलकर, कलीसिया के लिए दृढ़ विश्वास का बिंदु है।

क्या आज ऐसा होता है जहाँ लोग कलीसिया का वर्णन पापियों को स्वीकारे जाने वाले स्थान के रूप में करते हैं? क्या आपके समुदाय के लोग आपकी कलीसिया का वर्णन इस तरह से करेंगे? क्या आपकी कलीसिया इस आरोप के दायरे में आती है कि, "वे पापियों को स्वीकारते हैं," जैसा कि यीशु ने किया था? क्या पापी वैसे ही हमारी बातों को सुनने के लिए व्याकुल रहते हैं, जैसे वे यीशु को सुनने के लिए व्याकुल रहते थे?

बच्चों ने और मैंने इसके केंद्रीय दृश्य पर अभिनय किया। हमारा एक बड़ा बेटा खेतों में काम कर रहा था, और घर के आसपास नौकर थे, और हमारा एक छोटा बेटा दूर देश में चला गया था। मैंने पिता की भूमिका निभाई। और जब छोटा पुत्र दूर देश से शरण में लौटा, तो मैं यह चिल्लाते हुए गलियारे से नीचे भागा, कि वह लौट आया! वह लौट आया!" दृष्टान्त में वर्णित पिता की तरह, मैं भी दौड़कर गया, और उसे गले से लगाया,

और दासों को आज्ञा दी, कि वे एक वस्त्र और जूती और पारीवारिक अंगूठी ले आएं, और महाभोज तैयार करें। यह कोई उबाऊ क्षण नहीं था!

परन्तु इन सब के बीच में, प्रभु ने हमें एक और दृष्टान्त दिया, एक जीवित दृष्टान्त। मैंने देखा कि यह मेरी आँख के कोने में हो रहा है जैसे ही मैं दूर स्थान से वापस भाग रहा था। इसमें मेरा अपना बेटा 'बॅक्सटर' शामिल था। मैंने देखा कि जब मैं कलीसिया में दौड़ रहा था और चिल्ला रहा था, तब उसने अपनी आँखें ढँक लीं और अपना सिर हिला दिया। कई लोगों ने इसे देखा और सभा के बाद इसके बारे में मुझ से टिप्पणी की।

चर्च के बाद, हम दोनों साथ-साथ घर चले गए। मैंने उससे पूछा, "क्या नाटक के दौरान पिता की मेरी भुमिका ने तुम्हें शर्मिंदा तो नहीं किया?"

उसने कहा "हाँ।" जब मैंने पूछा क्यों, उसने जवाब दिया, "मुझे नहीं पता, पिताजी।"

मैंने कहा, "बेटा, तुमने मुझे हजार बार यह भुमिका निभाते हुये देखा है और तुम कभी शर्मिंदा नहीं हुए। इस बारे में सोचो जब मैं तुम्हारे दोस्तो की खेल टीम को कोचिंग दे रहा था, या जब हम लौरा को उसकी बाइक चलाना सिखा रहे थे, या जब कैथरीन चलना सीख रही थी, या जब हम घर के चारों ओर घूम रहे थे। तुमने मुझे हर समय इस तरह की भुमिका निभाते देखा है। मैं ऐसा ही हूँ।"

तब उसने मुझसे कहा, "बिल्कुल, पिताजी, लेकिन *कलीसिया* में नहीं!"

यह शुरू में भले ही मजाकिया लगे, लेकिन इसका हास्य एक पल के लिए ही रहता है। मुझे बिल्कुल भी हँसी नहीं आई। यह पल मेरे दिल में "खेद की कील" ठोकने जैसा था।

चर्च पर एक ईमानदार नजर

बेशक, मुझे पता है कि, माता-पिता अपने बच्चों के लिए शर्मिंदगी

का एक स्थायी स्रोत होते हैं। लेकिन उस विशेष मामले में माता-पिता की आमतौर पर होने वाली शर्मिंदगी की तुलना में कुछ ज्यादा हो रहा था। किसी तरह बॅक्सटर को यह संदेश मिल गया था कि कलीसिया जो भी हो, यही वह जगह है जहाँ पिता के रूप में होना ठीक नहीं है।

"वहाँ ठीक है, पिताजी, जब हम खेल रहे हों, या जब आप लॉरा को उसकी बाइक चलाने में मदद कर रहे हों, या जब आप घर पर हों, या किसी भी स्थान पर हों, तो आप जैसे हैं वैसे हो सकते हैं, लेकिन आपके लिए कलीसिया में ऐसा रहना ठीक नहीं है। यह सही नहीं कि आप जैसे घर में हैं वैसे वहाँ भी हों। आपको इसे घर पर ही छोड़ देना चाहिये।"

पृथ्वी पर अपने छह वर्षों में उसने जो कुछ भी सीखा है, उसने निश्चित रूप से यह सीखा है कि कलीसिया वह स्थान है जहाँ आप स्वतंत्र नहीं हो सकते, आप वास्तविक नहीं हो सकते। ज्यादा से ज्यादा यह वह जगह है जहाँ आप जो असल में हैं, उस खुद को एक पल के लिए छुपा देते हैं। सबसे बुरी बात यह है कि यह वह जगह है जहाँ आप पूरी तरह से कुछ होने या कोई और होने का दिखावा करते हैं। यह वह जगह है जहाँ सब कुछ जीवन से काफी अलग नजर आता है।

मेरे अपने बेटे के साथ उस पल की बातचीत ने मुझे बहुत दुखी किया। इसने निश्चित रूप से मुझे कुछ गंभीर चिंतन करने के लिए प्रेरित किया। मुझे आशा है कि आपको भी ऐसा ही लगेगा। मुझे आशा है कि यह आप पर एक बोझ डाल देगा और आपको उसी तरह परेशान करेगा जैसे इसने मुझ पर बोझ डाला और मुझे परेशान किया। हो सकता है कि यही बात हमारे उद्धार में बदल जाये।

छोटे बच्चे ऐसे ही जल्दी से बड़े हो जाते हैं और कलीसिया से विदा हो जाते हैं। वे इसे छोड़ देते हैं। यह बनावटी है। यह सच नहीं है। यह दिखावा करने के बारे में है। यह बाहरी दिखावे के बारे में है। यह एक *व्यक्तित्व*, एक छवि का मुखौटा डालने के बारे में है। यह विदेशी, परजिवी और वास्तविक जीवन के लिए अप्रासंगिक है। इसका क्या मतलब है?

काश मैं कह पाता कि इस प्रकार की बातचीत सामान्य नियम या किसी प्रकार की अजीब विसंगति का बड़ा अपवाद है। लेकिन ऐसा नहीं है। इस तरह की बात मुझे बार-बार जोर डालती है। उदाहरण के लिए, मैं जानता हूँ कि जब लोग सीखते हैं, जब मैं एक उपदेशक होता हूँ, तो बातचीत की गतिशीलता में कुछ बदलाव आता है। जहाँ अचानक झिझक होती है, सतर्कता होती है, ईमानदारी अलग रखी जाती है, और एक मुखौटा नजर आता है और धार्मिक शब्द बाहर आते हैं, या कुलमिलाकर बातचीत पूरी तरह से रुक जाती है।

अभी कुछ समय पहले मेरे एक दोस्त और मैंने एकसाथ लंच किया था। उसके बाद, हम एक सजावटी लोहे का गेट लेने गए जो उसने बनाया था। जो एक सुंदर कलाकृति और प्रथम श्रेणी की शिल्पकारी थी। पूरी दुकान रचनात्मक चीजों से जगमगा रही थी। जहाँ पीतल के गैस लैंप और सैकड़ों अन्य हस्तकला के सामान थे। मैं मोहित हो गया और तुरंत ही उसके मालिक के साथ बातचीत का लाभ उठाया। उसने मुझे चारों ओर दिखाया। और हमने बातचीत की। न केवल पीतल, लोहे और तांबे के बारे में, बल्कि बहुत सी चीजों के बारे में।

वहाँ से निकलने के बाद, हम वापस कलीसिया की ओर लौट रहे थे और मेरे दोस्त ने मेरी ओर मुड़कर पूछा, "क्या आप जानते हैं कि यदि मैंने आपका परिचय एक प्रचारक के रूप में दिया होता तो आप कभी उस तरह से बातचीत नहीं करते?" मैंने उससे कहा कि मैं इस तथ्य से अच्छी तरह वाकिफ हूँ, और इस बात से मैं बहुत दुखी हूँ।

कहीं न कहीं कलीसिया और प्रचार के पेशे ने यह संदेश दिया है कि मसीही धर्म *क्षमा किए जाने* के बजाय अच्छा रहने के बारे में है। और इसका मतलब है कि लोगों को लगता है कि उन्हें स्वीकारे जाने से पहले उन्हें सही और अच्छा बनना चाहिए।

जब हम कलीसिया पहुँचे तो मेरे दोस्त ने कहा कि यदि दुकान के इस आदमी को पता होता कि मैं एक उपदेशक हूँ, तो वह अपनी भाषा,

अपना व्यवहार, अपने तौर-तरीकों, अपनी प्रस्तुति को बदल देता, ताकि वह मेरे द्वारा स्वीकारा जाए। वह एक मुखौटा पहन लेता या कुछ अलग बन जाता, ताकि उसे ग्रहण और स्वीकार किया जा सके।

ऐसा क्यों है? इस आदमी को ऐसा क्यों लगा होगा कि मेरे द्वारा स्वीकारे जाने के लिए उसे बदलना होगा? क्योंकि मसीही धर्म आज एक संदेश की घोषणा करता है कि हम जैसे हैं, हमें वैसे ही स्वीकारा नहीं जाता। मसीही धर्म आज खुद को स्वीकारे जाने, योग्य बनाने के बारे में है। हमें स्वीकारे जाने से पहले हमें अच्छाई के मापदंड पर एक उच्च स्तर बनाना होगा।

किसी तरह संस्कृति और धर्म के पूरे मिश्रण में यह संदेश दिया गया है कि लोगों की परमेश्वर के प्रति स्वीकारे जाने का आधार *उन्ही में है*, वे क्या करते हैं या क्या नहीं करते हैं। यह उनकी अच्छाई में है।

लेकिन जैसा कि मार्टिन लूथर ने इतनी स्पष्टता के साथ देखा, हमारी स्वीकारे जाने का आधार पूरी तरह से हमारे बाहर है। इसका हमसे कोई लेना-देना नहीं है कि हम क्या करते हैं या क्या नहीं करते हैं। हमारे स्वीकारे जाने का आधार यीशु मसीह में मौजुद है, जो परमेश्वर की ओर से हमें एक उपहार है। हम उसमें, उसकी वजह से अपनाये गये हैं। उसने हमें अपनाने के लिये बनाया है।

मुझे यहाँ बेंजामिन बेकर द्वारा प्रचार किया गया एक काफी प्रसिद्ध उपदेश में एक परहेज की याद दिला रहा है: "यीशु अच्छे लोगों को उनकी अच्छाई से परहेज करने और अनुग्रह पर लेने के लिए आया। वह धर्मियों को उनकी धार्मिकता से परहेज करने और परमेश्वर की धार्मिकता पर चलाने आया।"

कुछ महीने पहले मेरी मुलाकात करीब 35 साल के एक युवक से हुई। हम दोस्त बन गए, और बातचीत के दौरान उन्होंने मुझे अपनी कहानी और अपने संघर्षों के बारे में बताना शुरू किया। (संयोग से, वह नहीं जानता था कि मैं एक प्रचारक हूँ-- हम एक खेल के माध्यम से मिले

थे।) मैंने उसे कलीसिया आने के लिए आमंत्रित किया। उसे कलीसिया में कोई दिलचस्पी नहीं थी। उसने कहा कि वह जिंदगी में कभी कलीसिया नहीं गया है। जैसा कि हमने इस बारे में बात की, यह मेरे लिए स्पष्ट हो गया कि वह यह नहीं मानता था कि कलीसिया के पास वास्तविक जीवन के सवालों के जवाब होंगे। कलीसिया लोगों के जीवन में वास्तविक दर्द को संबोधित नहीं करती। कलीसिया वास्तविक नहीं थी। जहाँ तक मुझे याद है *गोबर,"* जो उसके सटीक शब्द थे। "मुझे धर्म की जरुरत नहीं है; मुझे जीवन चाहिए।"

अब, इन कहानियों का उद्देश्य हमें दोष की ओर ले जाना नहीं है। मुद्दा यह देखने में हमारी सहायता करना है कि क्या हो रहा है। यह हमें "कलीसिया" और उसमें जो हो रहा है, उस पर एक सच्ची नज़र डालने में मदद करने के लिए है, ताकि हम तब वास्तविक उत्तर खोजना शुरू कर सकें।

जब हम स्कॉटलैंड में थे, तो प्रभु ने मुझे इस बात को आमने-सामने लाया। उसने मुझे एक खूबसूरत कलीसिया की इमारत के सामने खड़ा किया। जो आकर्षक वास्तुकला से सुसज्जित थी। लेकिन वह *बंद* था, पूरी तरह बंद, और दरवाजे पर "मैकेंज़ी एण्ड मैकिन्टोश एस्टेट एजेंट्स" जैसा कुछ लिखा था। हमने बार-बार कलीसिया की खूबसूरत इमारत को देखा जो अब कानूनी कार्यालय, पब, रेस्तरां और डांस स्टूडियो बन गई थी।

उस याद ने मुझे कई सालों से कुश्ती लड़ने पर मजबूर कर दिया है। जब मैं वहाँ पढ़ा रहा था तो इस बात ने मुझे परेशान कर दिया। इसने मुझे आश्चर्यचकित कर दिया कि मैं इन ईश्वरविज्ञान छात्रों – जो जल्द ही पासवान बनने की तैयारी में हैं - से क्या कहूं जो कि वास्तव में कलीसियाओं के मरने और बंद होने पर कही गई बातों से अलग था।

बेशक, इस तरह के प्रश्न में कई परतों पर विचार किया जाना है। इस प्रश्न पर दी गई पुस्तकों और लेखों और उपदेशों का कोई अंत नहीं

है, जिनमें से सभी निस्संदेह सहायक हैं। लूका 15:1 और 2 हमें और कलीसिया से बहुत कुछ कहता है: “इस समय तक मलिन प्रतिष्ठा के बहुतेरे स्त्री-पुरुष यीशु के चारों ओर मंडरा रहे थे, और ध्यान से सुन रहे थे” (टीएम)।

यीशु का आकर्षण

किसी तरह, यीशु का तेज पापियों को आकर्षित करता, उनमें आशा जगाता। वे उसके साथ सुरक्षित महसूस करते। वे उसके पास आए। वे उसके साथ साफदिल पेश आते। उसकी उपस्थिती तथा शिक्षा उन्हें असहज या दुविधा में नहीं डालती थी। उन्हें नकाब पहनने की जरूरत महसूस नहीं होती थी। वह संगठित धर्म से काफी अलग था।

यह लोग उनके समय के प्रार्थनास्थलों से दूर जा चुके थे, कम से कम उनके हृदयों में। आप उनको यह बोलते हुए सुन सकते थे – “पर यह मनुष्य अलग है। इस मनुष्य में ऐसा कुछ है जो मेरे दिल को छू लेता है। यीशु के बारे में अचुक वास्तविकता है। उसके बारे में एक सीधापन है। वो मेरे खिलाफ नहीं, वो मेरे लिये है।

“यह व्यक्ति मुझे शर्मिंदा और अयोग्य होने का अहसास नहीं कराता, हालांकि मुझे पता है की मैं दोषी तथा गिरा हुआ हुँ। और मुझे पता है कि, उसे पता है मैं कैसा हूँ, मेरा जीवन कैसा है, और मेरी असलियत क्या है, पर वो मेरे साथ मेरे लिए यहाँ है। इस व्यक्ति के बारे में कुछ है। मैं उसके आखों में देख सकता हूँ। मैं दया देखता हूँ। मैं करूणा देखता हूँ। पर इससे गहरा कुछ है, मैं क्षमा देखता हूँ। यह व्यक्ति मुझे दोष नहीं लगाता। सच तो यह है कि यीशु मुझे घर जैसा महसूस कराता है, स्वीकारा हुआ, जाना हुआ, प्यार किया गया और जिसका दुलार किया गया – जैसे मैं हूँ वैसे ही।

यीशु मसीह का आकर्षण इस बात में है की वह लोंगो को दोष नहीं लगाता, वह उन्हें स्वीकारता है। उसमें से फरिसियों जैसे दोष फैलता

नहीं, उसमें स्वीकार की किरणे निकलती है।

टॉम्बस्टोन इस फिल्म के अंत में एक काफी मार्मिक दृष्य है। वायट अर्प मिलने जाता है डॉक हॉलिडे से जो टीबी की बिमारी से मरने को है। यहाँ दो दोस्तों के बीच एक बातचीत चल रही है, जिसमें डॉक हॉलिडे वायट अर्प से कहता है, "वायट, मेरे जिंदगी में केवल तुम ही ऐसे व्यक्ति हो, जिसने मुझे कभी आशा दी है।

यही यीशु से उत्पन्न होता था, आशा, सच्ची आशा *हारे हुओ के लिए*।

यीशु ऐसी आशा को प्रदर्शित करता है कि पापी उसकी ओर वैसी ही स्थिती में आते है और उसकी बाते सुनने के लिए तरसते है। उन्हें ऐसा नहीं लगता की यीशु के आते ही बातचीत खतम कर दे, या हम उसके उपस्थिती में वास्तविक नहीं हो सकते, या हमे धार्मिक प्रदर्शन करना पडेगा । यीशु उन्हें वह जैसे है वैसे ही स्थिती में उसके पास आने की स्वतंत्रता बहाल करता, उसी जगह पर और यह की वे उससे बात कर सके। कोई नकाब नहीं और उसकी जरूरत भी नहीं थी। उसने उन्हें उनकी वर्तमान स्थिती में स्वीकार किया। उन्हें *पापीयों* में वे जैसे हैं, वैसे ही दिलचस्पी थी। उसका संदेश उनके लिए था, वे जहाँ, जैसे थे, उसी स्थिती में ।

ऐसी कौनसी बात है जो कलीसिया के इर्द-गिर्द खाई खोदती है और लोगो को वहा जाने से रोकती है? कलीसिया की लोगो को यह बताने में विफलता कि "उनपर कोई दोष नहीं", यह इसका कारण है। विकिरण या किरणो का प्रसार यह एक स्वाभाविक घटना है। हम सभी में से कुछ ना कुछ निकलता है। सवाल यह है कि हम क्या उत्सर्जित करते है? जो तरंगे हम में से निकलती है क्या वह लोगो को घर जैसा महसूस कराती है? क्या हमारे सम्पर्क में आने से उन्हें लगता है कि उन्हें घर मिल गया?

हम सडक पर किसी भी व्यक्ति को कलीसिया आने को कह सकते है और शायद वह कहेगा " मैं कलीसिया आउंगा जब मेरा जीवन ठीक हो

जाएगा " किसी तरह लोगो को लगता है कि कलीसिया पापियों के लिये नहीं, जो संघर्ष कर रहे, टूटे हुए, भटके है उनके लिए नहीं। यह उनके लिए है जिनके कर्म अच्छे है – कम से कम सतह पर।

लेकिन टूटे हुए लोग, संघर्ष करने वाले, भटके हुए, गिरे हुए, सभी यीशु के पास चले आए। उन्हें उसकी स्वीकृती महसूस हुई और वे यह सूनने के लिए उत्सुक थे कि यीशु को क्या कहना है।

असली कलीसिया बनना

हम इसे कैसे करते है? हम इस प्रकार की तरंगे कैसे छोडते है? हम उस स्थान पर कैसे पहुँचे जहाँ लोग हमारी ओर आकर्षित हो?

हम उस स्थान पर कैसे पहुँचे जहाँ मसीही या प्रचारक के रूप में हमारा परिचय बातचीत को बंद नहीं करता बल्कि लोग इमानदारी तथा वास्तविकता से बातचीत करने लगते हैं? हम उस स्थान पर कैसे पहुँचे जहाँ वास्तव में लोग हमें सुनने के लिए तरसते हैं?

हम उस स्थान पर कैसे पहुँचे जहाँ लोग उनकी आत्माओं में यह जानते है कि यह व्यक्ति, जो भी है, उन्हें स्वतंत्रता का अहसास दिलाता है, केवल स्वतंत्रता नहीं पर वास्तविक होने, हम जैसे है वैसे होने, दिखावा ना करने, ना छिपने को बढावा देता है। हम किस प्रकार हमारे आस-पास के लोगों में आशा का संचार कर सकते है?

इन प्रश्नों का उत्तर है कि हम नहीं कर सकते। यह कुछ ऐसा नहीं जो हम करते हैं। यह कुछ ऐसा है जो हमारे साथ होता है। जितना मैं इसे समझ सकता हूँ, यह कुछ ऐसा है जो हमारे अस्तित्व की गहराई में स्वाभाविक आकार लेता है। यह हमारे साथ होता है, तथा हमारे अंदर होता है, जैसे हम वास्तविक यीशु मसीह को खोजते हैं तथा उसकी प्रत्यक्ष उपस्थिती को हमारे जीवनों में अनुभव करते हैं।

इस वाक्य के दो महत्वपूर्ण भाग है। पहला है "वास्तविक यीशु मसीह" यह वाक्यांश। दूसरा है "हमारे अपने जीवन में" यह वाक्यांश। इसी बात को

कहने का बेहतर तरीका है "हमारे अंदरूनी चेतना में" क्योंकि यह खोज तथा असली यीशु को जानना निराकार/कल्पना नहीं है। यह हमारे गहरे स्थान में जानना तथा खुदके दिवालियापन के विषय गहरी जागरूकता के बीच जानना है।

"सच्चे यीशु मसीह" से मेरा मतलब है वह मसीह जो पिता द्वारा भेजा गया कि हमारा मेल-मिलाप हो और घर लाया जा सके; वह मसीह जो हमारे लिये आया तथा हमारी असफलताओं और पापों को जिसने अपने ऊपर लिया, उनकी पूरी जिम्मेदारी ली, हमें अपना बनाया और उन बातों से निपटा। वह मसीह जो कभी हमसे मुंह नहीं मोडेगा, हमें नहीं त्यागेगा या उसकी माफी से वापस ना फिरेगा, चाहे कुछ भी हो।

और "हमारे अपने जीवन में" से मेरा मतलब है कि हमारा पौलुस के विधान से सामना होता है " क्योंकि सभी ने पाप किया है और परमेश्वर की महिमा से रहित हैं।" (रोमियो 3:23), "कोई भी धर्मी नहीं, एक भी! कोई समझदार नहीं, एक भी! कोई ऐसा नहीं, जो प्रभु को खोजता! सब भटक गए, वे सब ही निकम्मे बन गए, साथ-साथ सब के सब, कोई भी यहाँ पर दया तो दिखाता नहीं, एक भी नहीं!" (रोमियो 3: 10-12) यह सीधे *हम* पर लागू करे, *मुझ* पर, *आप* पर।

हम उस बिंदु पर पहुँचते हैं जहाँ हमें एहसास होता है कि *हम* खो गए हैं और हम अपनी आत्मा में गहरा भय और अत्यंत असहायता महसूस करते हैं। हम शर्मिंदगी, शोक, निराशा और हताशा को महसूस करते हैं।

अब यह सब केवल बाइबिल में पढ़ी हुई बातें नहीं रही, कोई अमूर्त विचार बनकर नहीं रह गए, बल्कि अपरिहार्य रूप से *मैं* इसका हिस्सा बन गया हूँ – और मैं जानता हूँ कि यह *मेरे* बारे में सच है।

और फिर वहीं उस जकडते हुए भय के बीच और हमारे खुदको शुन्यता और विफलता की जागरूकता के भेद के बीच, हम इस खबर को सुनते हैं कि हमारे स्वीकार का इससे कोई नाता नहीं। हम इस वचन को सुनते हैं कि हमारी स्वीकृति पूर्णत: किसी और पर निर्भर है – यीशु

मसीह।

हमारे दु:ख की अंधेरी रात के बीच हमारा सामना इस सच्चाई से होता है कि पिता ने हमें स्वीकार योग्य बनाया है तथा हमें यीशु में स्वीकारा गया है। हमारे खोने तथा बेबसी के कांपते ज्ञान में हम देखते हैं कि पिता ने उसकी अद्भुत कृपा में खुद को स्वीकार योग्य बनाने तथा शुध्द बनाने की जिम्मेदारी हमसे छीन ली है और उसने यह सब यीशु के हाथों में दिया है। और हम देखते है कि यीशु ने उसका मिशन पूरा किया है।

जब यह बात हमारे टूटे हुए दिलो में गहराई तक जाती है और यह वचन हमारे दर्द के जगहो में उंडेला जाता है, जब हम हमारी विफलताओं को देखते और चखते हैं तब हम वचन के चंगाई के महिमा को जानने लगते है।

जब हम यह जान पाते हैं कि हम टूटे-बिखरे हैं और उस बारे में कुछ भी ना कर पाने की हमारी असहायता को महसूस करने लगते हैं, और तब हम यीशु मसीह के सुसमाचार को सुनते हैं, हमारे अंदर और हमारे द्वारा कुछ होने लगता है। *हम जैसे हैं* वैसे ही हमारा मसीह में स्वीकार यह सत्य जब हमारी शर्मिंदगी तथा विफलता के गहरे, व्यक्तिगत, पीडादायक जागरूकता को चीरता है, यह हम में जीवन के फल लाता है।

यहाँ कई प्रमुख बिंदु हैं जिनको अधिक गहराई से खोजने की आवश्यकता है। पहला, यीशु में हमारी स्वीकृती का वचन सुनने से हमारे टूटे दिलो में आनंदोत्सव उत्पन्न होता है। हम परमेश्वर के बारे में आश्चर्य की स्थिती में जीने लगते हैं। हम उस पर आश्चर्य करते हैं कि वह इतना अच्छा हो सकता है। अगर यह दूसरे शब्दों में बताये तो हम उसका *आनंद* लेना शुरू करते हैं और उसे जानना, और उससे प्यार करना शुरू करते हैं। हम उसमें महिमा पाते हैं। हम उसके निकट रहना चाहते हैं। हम इस परमेश्वर को जाने बिना रह नहीं पाते।

निश्चीत रूप से यह छोटे भाई के साथ भी हुआ। उसकी दिल दहला देने वाली शर्मिंदगी की जागरूकता के बीच, उसकी आँखे इस अद्भुत

करूणा के जानने से चमक उठी। वह केवल इतना ही कर सकता था कि, अपने पिता की बिना शर्त स्वीकृती को घूर सके। वह बस इसे प्राप्त कर सकता था और वहां खड़ा होकर अपने पिता को देखकर *आश्चर्यचकित* हो सकता था। वह बस इतना ही कर सकता कि इस पिता को जाने तथा उसका आनंद ले- उसकी महिमा का आनंद, उसका जी भर के मजा ले उसकी महिमा पाए। यह सब हम में होने लगता है जब परमेश्वर का सच हमारी दुखी आत्माओं में बहने लगता है।

दूसरा, खुदको 'मसीह में स्वीकारा हुआ' जानना हमें स्वतंत्र करता है जैसे है वैसे होने के लिए। यह हमारे छिपने के मूल कारण – उजागर होने का डर – को नष्ट करता है । हम सच्चे या वास्तविक होने लगते हैं खुदके रक्षाकवच को निकाल देते हैं, मुखौटे को उतार देते हैं।

कलीसिया "अनुग्रह" की साँस लेना शुरू करती है, क्योंकि अब सब लोग समान स्तर और शर्तों पर वहां है। वे वहाँ है क्योंकि वे असफल हैं, क्योंकि वे अपने अस्तित्व की जडों को अच्छे से जानते हैं कि वे असफल हैं और वे उसी असफलता स्थिती में यीशु मसीह में स्वीकार किए गए हैं। उन्हें पापी अवस्था में ही स्वीकारा गया है। तो अब छिपने और दिखावा करने की कोई जरूरत नहीं। हमारे स्वीकार की नीव हममें नहीं बल्कि यीशु में है। किसी प्रकार की *शख्सियत* को धारण करने की जरूरत नहीं।

अब कुछ अद्भुत चीजें होने लगती हैं । नये नियम में इसे संगति कहा गया है। कलीसिया की संगति भले लोगों की पवित्र संगति नहीं। यह अचंभित पापियों की संगति है। यह उन लोगों की संगति है जो अपने स्वयं के और धर्म के अंत तक आ चुके है। वे अब जानते हैं कि अब खुद के प्रयासों से परमेश्वर के साथ चीजें ठीक नहीं कर सकते, अब वे जानते हैं कि वे असफल हैं और उन्होंने यह पाया है कि जब वे पापी ही थे, तब परमेश्वर ने उनसे मेल किया है - परमेश्वर ने यीशु मसीह में उनका मेल किया । और यह ज्ञान उन्हें वे जैसे हैं वैसे होने की तथा खुद की जिंदगी को प्रकाश में लाने की स्वतंत्रता देता है।

सच्ची संगति का व्दार खुलता है जब परमेश्वर की क्षमा एक पापी के लोहुलुहान आत्मा में जड पकडने लगती है, और परमेश्वर की क्षमा एक दूसरे पापी की लोहुलुहान आत्मा में भी जडें पकडती है, और वे दोनों स्वीकार की आत्मा में *मिलते* हैं। वहां कोई निंदा नहीं।

मसीही संगति परमेश्वर के अद्भुत करूणा की जागरूकता में उत्पन्न होती है। क्षमा और आशा के जश्न मनाने के माहोल में वहाँ अवसर है, शायद पहली बार एक दूसरे के साथ घुल-मिलने का। छिपने से बाहर निकलने का और जैसे हैं वैसे रहने की आजादी हमारे टूटेपन में सच्ची चंगाई पाने का अवसर प्रदान करती है तथा हमारे जीवनो में हम सच्चे बदलाव को देख सकते हैं। आखिरकार हमारे पास अब यह आत्मविश्वास है कि हम किसी के द्वारा जाने जा सकते हैं तथा यह आशा की वहाँ असली समाधान होंगे।

तीसरी बात, जब हम हमारी गहरी जरूरत को जानते हैं, जब हम उसका इमानदारी से सामना करते हैं, खुदकी आशाहीन अवस्था के प्रति गहराई से जागरूक होते हैं और अपनी तडप को महसूस करते हैं, और जब मसीह यीशु में हमें आशा मिलती है, हममें से बहाव या विकिरण होने लगता है। जब हम स्वयं को खोये हुए तथा *विफलताओं* के बावजूद मसीह में स्वीकृत देखते हैं, जब हम देखते हैं कि परमेश्वर के साथ हमारे रिश्ते का हमसे कोई लेना-देना नहीं पर सब कुछ उसने जो मसीह में किया उसपर आधारित है, और जब हम इस ईश्वर का और उसकी भलाई का क्षमाशील संगति में एक दूसरे के साथ आनंद लेते हैं, हम अच्छी अनुभूती को मुक्त करते है।

जब परमेश्वर की कृपा हमारी आत्माओं में फैलती है, हम अनायास ही दूसरों के प्रति अनुग्रह उत्पन्न करते हैं। हमारे इर्द-गिर्द रहते समय उन्हें सब कुछ सही बर्ताव करना चाहिए, यह महसूस होने के बजाय, अब पापियों को यह घर जैसा महसूस होता है। उन्हें स्कॉटिश शब्द "*अनुग्रहित*" जैसा अहसास होने लगता है – अनुग्रह में सम्मिलित।

हमारे अस्तित्व से ईश्वर की स्वीकृती झलकती है और हमारे इर्द-गिर्द मौजूद पापी उसे महसूस कर पाते है। और संक्षेप में यह वास्तविक कलीसिया की संगति, क्षमा की संगति तथा मसीह में स्वीकारे जाने की संगति, न छुपने वाले साथ की संगति को विस्तार निराशा और टूटी दुनिया तक बढाना है – जो खो गयी है – यहाँ तक कि धार्मिक खोयेपन में।

यह आत्मा में पिता और पुत्र की संगति को हमारे आस-पास के लोगों में बढाता है। यह उन्हें उस अनुग्रह में शामिल करना है – जो परमेश्वर है और उसके अस्तित्व से प्रकाशित होता है।

अन्य पापी परमेश्वर की कृपा को हमारे माध्यम से महसूस करना शुरू करते हैं । अन्य पापी परमेश्वर के आलिंगन को हमारे माध्यम से महसूस करना शुरू करते हैं। वे पिता के हृदय को हमारे हृदय में पहचानना शुरू करते हैं ।

जब हमारे विफलताओं तथा आशाहीन खोयेपन के गहरे ज्ञान की मुलाकात पिता की क्षमा तथा मसीह में स्वीकृति की असलीयत से होती है, जब वे आत्मा में हमारे मन को भेदते हैं, और वह आश्चर्य तथा महिमा हमारे अंदर हलचल मचाती है, तब "दोष नहीं" की भावना हमारे अंदर से बहना शुरू होती है। यह भले ही अदृश्य हो, पर काफी स्पष्ट है। यह अधिकतर अशाब्दिक है, पर बहुत कुछ बोल जाता है।

हम नृत्य करते परमेश्वर के आलिंगन के भागीदार बनते हैं। स्वयं यीशु मसीह का आकर्षण हम से चमकता है। वह पापियों को स्वीकारता है तथा हमारे द्वारा उनके साथ खाना खाता है। वह घर में उनका स्वागत करता है तथा हमारे द्वारा उन्हें स्वीकारता है।

यह सच्चे मसीहियत का सार है - हमारे पापमय असफलताओं की गहराई में परमेश्वर की महिमामय कृपा का अनुभव करना, उसकी करूणा में जीना, उसके अनुग्रह से पोषित होना तथा उसमें महिमा पाना, इस वजह से हमारे इर्द-गिर्द के लोगों में उसकी कृपा को फैलाना।

अगली सहस्त्राब्दी का चर्च इस ओर बढ रहा है, क्योंकि परमेश्वर

इतना अधिक वफादार है कि वह किसी अन्य तरीके के विषय सोच भी नहीं सकता । और मैं ठीक इस के बीच में होना चाहता हूँ। मैं चाहता हूँ मेरा बेटा भी मेरे साथ इसमें हो। आमेन।

ईश्वर करे कि हम अपनी असफलता और यीशु मसीह में उसके अनुग्रह को इतनी गहराई से जाने कि हमारे अस्तित्व की गहराई से जीवन तथा आशा का विकिरण हो । हमारा पिता यह अनुदान दें कि साथी पापियों को हममें इस तथ्य का अनुभव हो कि यीशु मसीह में उनका घर है।

प्रार्थना और चिंतन के लिए प्रश्न

यीशु, पिता के प्यार का अपना अनुभव मेरे साथ बाटने के लिए धन्यवाद। अपनी आत्मा को भेज ताकि वह मुझे गवाही दे सके कि मैं भी तेरे साथ पिता का हूँ। मुझे पिता के आलिंगन की स्वतंत्रता तथा आनंद में जीने में मदद कर और जो प्रेम तू अपने पिता और आत्मा के साथ बाँटता है, दूसरों को उस प्रेम से प्रेम करने में मेरी मदद कर, आमेन।

1) यीशु को जो कहना था वह सुनने के लिए लोगों में *तडप* क्यों थी?

2) यीशु के पिता पर आप को किस प्रकार गर्व है? उसे आप पर किस प्रकार नाज़ है?

3) क्या धर्म या धार्मिक लोग आपको अपर्याप्त महसूस कराते हैं, जैसे आप कभी कसौटी पर पूरे नहीं उतरते या आप कभी चीज़ें सही नहीं कर पाऐंगे? क्यों? अपर्याप्त होने की भावना क्या यीशु के पिता से आती है? यह भावना आपके यीशु के पिता के साथ रिश्ते पर कैसे असर डालती है?

4) क्या ज्यादा सुंदर है, टूटे हुए लोगों के साथ सहभागिता जिन्होंने पिता की स्वीकृती पायी है, या उन लोंगो की संगति, जो अपने नजर में सब कुछ सही करते हैं ?

5) धर्म ने, बडे बेटे समान, पिता की स्वीकृति पाने से तुम्हें कैसे दूर रखा है?

6) आप पिता से कैसे छुपते हैं?

7) परमेश्वर से आप सबसे अधिक क्या चाहते हैं?

अधिक विचार के लिए प्रश्न

1) जैसे यीशु ने पापियों का स्वीकार किया, क्या परम पिता परमेश्वर भी वैसे ही स्वीकार करता है?

2) आप उस आदमी को कैसे जवाब देंगे जो आपके पास आकर कहता है "मैं पूरी जिंदगी चर्च में था, मैंने वह सब कुछ किया जो मुझे करने के लिए कहा गया। मैंने चर्च की हर समिती पर सेवा की, अब मैं उन सबसे ऊब गया हूँ – मैं कभी वापस नहीं जाऊँगा।"

3) परमेश्वर का अनुग्रह क्या है?

4) लोग अपना और दूसरों का बूरा क्यों करते हैं? मानव मन के दु:ख का मूल कारण क्या है? यह मूल कारण ईश्वर के बारे में आपके दृष्टिकोण से कैसे संबंधित है?

5) पिता को आपसे प्रेम करने देने में आपकी असफलता ने आपकी शादी तथा करीबी दोस्तों के साथ आपके रिश्ते पर किस प्रकार प्रभाव डाला?

6) चिंता तथा पिता की स्वीकृती इनका क्या रिश्ता है?

7) आप किस तरह ईश्वर से निराश हैं?

8) लोग दूसरों की गलतियों या असफलताओ में खुश क्यों होते हैं?

9) सजा का डर या पिता का प्यार दोनो में से कौनसा लोगों का हृदय बदलता है?

10) अगर आप पिता को आपसे प्यार करने दे, तो आप किस तरह बदलोगे?

11) लोग यह मानने में इतने प्रवृत्त क्यों होते हैं कि वे पिता को स्वीकार्य नहीं है

12) परमेश्वर द्वारा अस्वीकार तथा त्याग दिया जाना, यह मानवी हृदय का सबसे बडा डर है। पिता आपको क्यों छोडेंगा?

13) क्या यीशु परमेश्वर का हृदय बदलने आया? क्या कोई परमेश्वर का हृदय बदल सकता है?

14) पिता आपसे क्यों प्रेम करता है?

15) यीशू को उसके समय के धर्मी गुरूओं द्वारा क्यों सताया गया?

16) किस अर्थ में दोनो बेटे अपने पिता से अलग हो चुके थे?

17) किस प्रकार आप दृष्टांत में बताए गए बड़े पुत्र के समान है?

18) अगर आप अभी पिता को आपका नाम कहते हुए सुनते हैं, तो उसकी आवाज में क्या संदेश होगा?

19) आपका देश दृष्टांत में वर्णित छोटे भाई जैसा है या बडे भाई जैसा?

20) यदि लोग यीशु के पिता में विश्वास करें तो आपके देश में क्या होगा?

पेरिकोरिसिस : एक त्रिएक सेवा

पेरिकोरिसिस एक संपन्न दिलकश मसीह-केंद्रित संगति है जो ईसाई विश्वास तथा आशा को बढावा देती है, रिश्ते, शादी, परिवारों में चंगाई को लाती है, असली समुदाय को बढावा देती है, लोंगों को उनकी मानवता स्वीकार करने की आजादी प्रदान करती है। हम 'देहधारण' के ऐतिहासिक ईसाई सिध्दांतों के प्रति प्रतिबध्द है और सुसमाचार को यथासंभव व्यापक लोगों तक ले जाने प्रति दृढ हैं।

- हम त्रिएक ईश्वर – पिता, पुत्र और आत्मा में विश्वास करते हैं और हम मानते है कि इस ईश्वर ने दुनिया को अपने देहधारण किए पुत्र यीशु मसीह में बनाया, समेटा तथा गले लगाया- जैसा कि उनका शाश्वत उद्देश था।

- हम मानते हैं कि पिता का शाश्वत पुत्र यीशु मसीह अस्तित्व जीवन तथा सब बातें पिता तथा आत्मा के साथ बाँट रहा है। और हमारे उध्दार के लिए मानव बन गया। हमारे अलगाव से हमें शुध्द करने वह मरा। हमें नया जन्म देने वह फिर से जी उठा। हमें अपने पिता तक पहुंचाने वह स्वर्गारोहित हुआ।

- हम मानते हैं कि देहधारित, पुनरूत्थित और स्वर्ग-आरोही पुत्र में मानवजाति तथा सृष्टि के पिता, पुत्र और आत्मा के संगति में ऊपर उठाई गई है।

- हम मानते हैं कि यीशु मसीह स्वयं त्रिएकता, मानवता तथा सृष्टी के बीच मिलन है और यह रिश्ता सभी सत्यों का सत्य है – सृष्टि, मानव अस्तित्व तथा उसके इतिहास की तरह।

- हमारा मानना है कि त्रिएक परमेश्वर अब सारी सृष्टि में कार्यरत है, यीशु मसीह में हमारे पुत्र स्वीकार की सच्चाई को प्रकट कर रहे हैं, उस छाया तथा अंधकार को खतम कर रहें हैं जो हमें बंधन में रखता है, ताकि हम पुत्र के पिता तथा आत्मा के साथ संबंध में हमारे समावेश को खोजे, माने तथा उसका अनुभव करे।

- हम मानते हैं कि कलीसिया को परमेश्वर, मानवता तथा सृष्टि के सत्य को उजागर करने के आत्मा के कार्य में भाग लेने के लिए बुलाया गया है। ताकि त्रिएक परमेश्वर का ज्ञान पृथ्वी और समस्त सृष्टि में भर जाए जैसे जल समुद्र को ढक देता है।

डॉ. सी. बॅक्सटर क्रुगर

द्वारा लिखीत अन्य किताबें

महान नृत्य :
मसीही दर्शन पर पुर्नविचार

मातृत्व से लेकर बेसबॉल तक रिश्तों से लेकर गोल्फ और बागवानी तक, क्रुगर हमें दिखाते हैं कि कैसे हमारे मानवी अस्तित्व को पिता, पुत्र और पवित्र आत्मा के जीवन में भागीदारी के तौर पर समझना चाहिए। सिलसिलेवार, क्रुगर हमें शैतान की युक्तियों से तथा जो गडबडियां हम हमारे जीवन में करते है उससे अवगत कराते हैं। इससे बढ़कर वह हमें बताते हैं कि हम क्यों आहत होते हैं, हम वास्तव में किस चीज के पीछे हैं और वहाँ तक कैसे पहुँचे और बहुतायत के जीवन के लिए यीशु मसीह में विश्वास क्यों महत्वपूर्ण है।

गति में कवितामय और आकर्षक शैली से लिखी गयी, "महान नृत्य" यह किताब प्राचीन कलीसिया की वह आवाज है जो दक्षिण से रहने वाले लेखक की कलम के माध्यम से (जो जीवन से प्यार करता है) हमसे बात कर रही है। महान नृत्य एक अच्छे धर्मशास्त्र को प्रदर्शित करता है – परंपराओ से भरपूर फिर भी अपरिचित और रोमांचक यहाँ तक कि क्रांतीकारी भी; गहरा और इमानदार, फिर भी सभी को अनुरूप।

सारे जगत में
यीशु हमारे अंधकार के भीतर

यीशु के बारे में आरंभिक कलीसिया के दृष्टीकोण से प्रेरणा लेते हुए, अपने लेख "सारे जगत में" बॅक्सटर क्रुगर हमें इस आश्चर्यजनक तथ्य के सम्मुख लाते हैं कि यीशु ने हमारे साथ एक वास्तविक और व्यक्तिगत संबंध स्थापित किया है, हमारे अंधकार में। हम जैसे हैं उसी स्थिती में वह हमारे साथ और हमारे अंदर उपस्थित है। यीशु उपस्थित है, अनुपस्थित नहीं; हम जैसे हैं उसी स्थिती में वह हमारे साथ और हमारे अंदर मौजूद है, न की हमारी उस स्थिती में जो हम इतवार सुबह में होने का दिखावा करते हैं, हमारे उन्ही स्थानों पर जहाँ हमें खुद पर शर्म आती है और हमारे राक्षस छिपने के लिए शरण लेते है। क्योंकि यीशु ने हमारे बिना पिता का पुत्र और अभिषिक्त होने से इनकार किया और हमे उसने पीछे छोडने से इंकार किया जो हम टूटे हुए, हठीले, छिपे हुए, अंधे हैं । हम एक जोशीली तथा मुक्ति दायक सवारी के लिए बिठाए गए हैं, और यीशु हमें तब तक जाने नहीं देगा जब तक हम वह नहीं देख ले जो यीशु देखता है, वह जान ले जो यीशु जानता है, महसूस करे जो वह महसूस करता है और उसकी स्वतंत्रता में जीए।

"सारे जगत में" एक शानदार किताब है जिसकी मैं अनुशंसा करूंगा............

प्रोफेसर एलन जे टॉरेंस
सेंट ऐंड्रयुज, स्कॉटलैंड

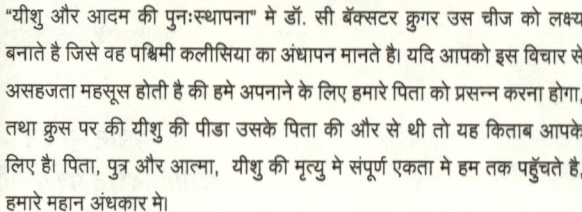

यीशु और आदम की पुनःस्थापना

"यीशु और आदम की पुनःस्थापना" मे डॉ. सी बॅक्सटर क्रुगर उस चीज को लक्ष्य बनाते है जिसे वह पश्चिमी कलीसिया का अंधापन मानते है। यदि आपको इस विचार से असहजता महसूस होती है की हमे अपनाने के लिए हमारे पिता को प्रसन्न करना होगा, तथा क्रुस पर की यीशु की पीडा उसके पिता की और से थी तो यह किताब आपके लिए है। पिता, पुत्र और आत्मा, यीशु की मृत्यु मे संपूर्ण एकता मे हम तक पहुँचते है, हमारे महान अंधकार मे।

"धर्मशास्त्र हमारे साथ ईश्वर के आश्चर्य और गहराई की खोज के लिए बनाया गया एक वाहन है। अफसोस की बात यह है की इस वाहन को चलाने वाले बहुतेरे लोग अपने साधारण छोटी कार से उन्हीं सुरक्षित रास्तो पर चलने की प्रवृत्ती रखते है, जिससे वे परिचित है। शुक्र है समय समय पर कुछ साहसी आ जाते है, जो मुख्य मार्ग को छोडने का विकल्प चुनते है ताकि हमे गौरवशाली त्रिएक ईश्वर के गहरे विशाल रहस्यों से परिचित करा पाए। बॅक्सटर क्रुगर एक ऐसे ही साहसी है और यीशु और आदम की पुनःस्थापना" उनका नवीनतम शक्तिशाली इंजिनियरींग वाहन है। मुझे इस यात्रा से बहुत लाभ हुआ।"

ग्लेन सोडरहोम

पादरी, गायक/ गीतकार, टोरंटो, कनाडा

एक रहस्य
जो आप जानते हुए भी नहीं जानते

यह किताब एक लेजर किरण है जो धर्म द्वारा फैलाए भ्रम को काटती है। कुछ पन्ने पलटते ही आप यीशु मसीह को देखेंगे, एक दर्शक के रूप में नहीं जो केवल आपको दूर से देखता है, पर स्वयं आपके अस्तित्व के रहस्य स्वरूप में। आप खुदको और अपने जीवन को उस तरह देख पाओगे जैसा आपने कभी ना देखा हो। सरल, स्पष्ट तथा आश्चर्यजनक। पश्चिमी दुनिया के हर व्यक्ति ने इस किताब को पढ़ना चाहिए।

अधिक जानकारी के लिए

कृपया देखें: www.perichoresis.org

यहाँ पर आपको डॉ. क्रुगर से सम्बंधित किताबें, पॉडकास्ट, वीडियो, चित्र, निबंध और व्याख्यान सहित कई सारे शिक्षा संसाधन मुफ्त मिलेंगे। आप यहाँ किताबें और सामान (टी-शर्ट, हुडी, टोपी) भी खरीद सकेंगे और सालभर होनेवाले कार्यक्रमों की जानकारी पा सकेंगे।

कृपया हमारे मासिक न्यूज़लेटर और निःशुल्क यूट्यूब चैनल के लिए साइन अप करें, जिसका नाम है "Astonished Hearts, with C. Baxter Kruger & Friends"

यदि आप ऐसे किसी ऑनलाइन समुदाय से जुड़ना चाहते है जो परमेश्वर के प्यार की गहरी समझ के लिए तत्पर है तथा डॉ. क्रुगर के साथ हर महीने लाइव चर्चा में भाग लेना चाहते हैं, तो आप पैट्रियन (Patreon) पर साइन अप कर सकते हैं।

इस चैनल का नाम है " Across All Worlds "

कृपया उस वेबसाइट पर जाने के लिए नीचे दिए कोड को स्कैन करें जहां आप उपरोक्त सभी संसाधनों तक पहुंच सकते हैं।

www.perichoresis.org

और कृपया हमें इस पर फ़ॉलो करें:

www.ingramcontent.com/pod-product-compliance
Lightning Source LLC
Chambersburg PA
CBHW031238120626
46545CB00003B/1175